... Títulos relacionados

ADGD0208 GESTIÓN INTEGRADA DE RECURSOS HUMANOS

[DISPONIBLE CERTIFICADO COMPLETO]

ADGG0308 ASISTENCIA DOCUMENTAL Y DE GESTIÓN EN DESPACHOS Y OFICINAS

[DISPONIBLE CERTIFICADO COMPLETO]

Solicítalos en:
- Librería
- www.paraninfo.es
- Solicitudes nacionales +34 914 463 350
- Solicitudes fuera de España +34 913 308 907, +34 913 308 919

Sistemas de archivo y clasificación de documentos

Miguel Arribas del Pozo

Diseño y maquetación: Ediciones Nobel, S. A.

Impresión: Liberdigital (Casarrubuelos, Madrid)
ISBN: 978-84-283-6946-6
Depósito legal: M-4169-2025

Impreso en España

Biografía

Miguel Arribas del Pozo es diplomado en Biblioteconomía y Documentación por la Universidad Carlos III de Madrid. Desde hace unos años viene desempeñando su labor profesional como bibliotecario, documentalista y digitalizador en distintas empresas.

Índice

3. Implantación y transición de sistemas de gestión electrónica de la documentación

Introducción normativa

La Ley Orgánica 3/2022, de 31 de marzo, de ordenación e integración de la Formación Profesional, contiene una disposición derogatoria única que afecta a la regulación de los certificados de profesionalidad, ahora denominados **Certificados Profesionales**. La referida normativa deroga la Ley Orgánica 5/2002, de 19 de junio, de las Cualificaciones y de la Formación Profesional, y abre un escenario de cambios que se irán implementando progresivamente.

La Ley Orgánica 3/2022, de 31 de marzo, de ordenación e integración de la Formación Profesional implica que toda la formación es acumulable. La oferta formativa se estructura de forma escalonada, siendo los Certificados Profesionales un nivel intermedio (Grado C) de una escala que va desde el Grado A hasta el E.

En los artículos 35 a 38 de la Ley 3/2022 se describe en qué consisten estos Certificados Profesionales: su oferta, formación asociada, estructura, duración, acceso, titulación y validez. Posteriormente, esta normativa se completa con lo dispuesto en el Real Decreto 659/2023, de 18 de julio, que desarrolla la ordenación del sistema de Formación Profesional. Concretamente en los artículos 67 a 81 es donde se hace referencia a la oferta formativa de Grado C, correspondiente a los Certificados Profesionales.

Están agrupados en 26 familias profesionales con características comunes del sector. En la actualidad hay más de medio millar de Certificados Profesionales incluidos en el Repertorio Nacional. Esta cifra no deja de crecer. Además, cada certificado está específicamente regulado por un real decreto.

Un Certificado Profesional corresponde al Grado C de la oferta del Sistema de Formación Profesional. Es un documento oficial, con validez en todo el territorio nacional y debe constar en el Catálogo Nacional de Ofertas de Formación Profesional, que certifica la capacitación para el desarrollo de una actividad profesional.

Debe detallar los módulos profesionales superados y los estándares de competencia profesional asociados a él e incluidos en el **Catálogo Nacional de Estándares de Competencias Profesionales**, así como su correspondencia con el Marco Español de Cualificaciones.

Despliegan su validez en un doble ámbito, laboral y académico:

- En el contexto laboral tienen validez profesional, porque acreditan las competencias en una determinada profesión. Para poder trabajar en algunas profesiones, se exigen determinadas cualificaciones, y los certificados sirven para acreditarlas.

- Asimismo, tienen validez académica, puesto que permiten continuar un itinerario formativo siempre que se cumplan los requisitos de acceso para cursar la titulación deseada. De tal modo que, los Certificados Profesionales que sean parte de un Grado D permitirán la matrícula modular para completar los módulos establecidos en el currículo y obtener el correspondiente título de técnico básico, técnico o técnico superior con validez en todo el territorio nacional.

Para obtener un Certificado Profesional (Grado C) es preciso cumplir con los requisitos de acceso para realizar la formación.

Estructura de los Certificados Profesionales

I. Identificación: denominación, familia y área profesional a la que pertenecen; nivel de cualificación profesional (1, 2 o 3); cualificación profesional de referencia; entorno profesional y módulos formativos que esté previsto cursar junto con la duración de cada uno de ellos.

II. Perfil profesional: incluye las competencias profesionales requeridas en el mercado laboral. En todas ellas se concretan las realizaciones profesionales y los criterios de realización.

III. Formación: describe los módulos formativos que esté previsto cursar para adquirir las competencias requeridas. En cada uno de ellos se indican las capacidades que se pretende alcanzar y la duración del módulo de prácticas no laborales —PNL—, para el que cabe solicitar exención si se cumplen determinados requisitos.

IV. Prescripciones de las personas formadoras.

V. Requisitos mínimos de espacios, instalaciones y equipamiento.

Los Certificados Profesionales se identifican con una denominación concreta y un código alfanumérico propio, y sirven para acreditar una determinada cualificación profesional. Cada certificado está asociado a una relación de unidades de competencia que, a su vez, se vinculan con una serie de módulos formativos específicos. Algunos módulos están integrados por unidades formativas y tanto unos como otras son, en ocasiones, transversales, lo que significa que se trata de contenidos incluidos en más de un Certificado Profesional.

Los Certificados Profesionales se articulan en tres niveles de competencia profesional (1, 2 y 3) conforme a lo dispuesto en el que será el Catálogo Nacional de Estándares de Competencias Profesionales, anteriormente Catálogo Nacional de Cualificaciones Profesionales (CNCP), según los criterios establecidos de conocimientos, iniciativa, autonomía y complejidad de las tareas, en cada una de las ofertas de Formación Profesional.

La oferta formativa dirigida a la obtención de los Certificados Profesionales tiene carácter modular para favorecer la acreditación parcial acumulable de la formación recibida y posibilitar así el avance en el itinerario de Formación Profesional para cualquiera que sea la situación laboral de cada persona en cada momento.

En definitiva, el Grado C constituye la oferta, parcial y acumulable, del sistema de Formación Profesional, de varios módulos profesionales del catálogo modular de Formación Profesional por razón de su significado en el mercado laboral y conducente a la obtención de un Certificado Profesional.

Las ofertas de Grado C de Formación Profesional tendrán por objeto módulos profesionales incluidos previamente en el catálogo modular de formación profesional y asociados al Catálogo Nacional de Estándares de Competencias Profesionales.

Finalidad de los Certificados Profesionales

- Contribuir a la ordenación de un Sistema de Formación Profesional al servicio de un régimen de formación y acompañamiento profesionales que sea capaz de responder con flexibilidad a los intereses, expectativas y aspiraciones de cualificación profesional de las personas a lo largo de su vida.

- Combinar escuela y empresa situando a la persona en el centro del sistema.

- Facilitar el aprendizaje permanente de toda la ciudadanía mediante una formación abierta, flexible y accesible, estructurada de forma modular, a través de la oferta formativa asociada al certificado.

- Acreditar las cualificaciones profesionales o las unidades de competencia recogidas en estas, independientemente de su vía de adquisición, bien sea través de la vía formativa, o mediante la experiencia laboral o vías no formales de formación.

- Favorecer, tanto a nivel nacional como europeo, la transparencia del mercado de trabajo.

- Contribuir a la calidad de la oferta de Formación Profesional.

Este libro

El presente libro desarrolla la Unidad Formativa denominada *Sistemas de archivo y clasificación de documentos,* UF0347.

Dicha unidad formativa está asociada a la Unidad de Competencia UC0498_3, forma parte del Módulo Formativo MF0987_3 *Gestión de sistemas de información y archivo* perteneciente a las Cualificaciones Profesionales de referencia: ADG310_3, de nivel 3, incluida en el Certificado Profesional denominado *Asistencia documental y de gestión en despachos y oficinas* y ADG084_3, de nivel 3, incluida en el Certifi cado de Profesionalidad denominado *Gestión integrada de recursos humanos* dentro de la familia profesional Administración y gestión.

Según el Real Decreto 1210/2009, de 17 de julio, modificado por el RD 645/2011, de 9 de mayo, los contenidos que en esta obra se recogen se corresponden con una duración de 30 horas.

Tanto la estructura como el desarrollo del libro se ajustan al citado Real Decreto y más concretamente a los contenidos de la Unidad Formativa que le da título *Sistemas de archivo y clasificación de documentos,* UF0347.

Contenidos

1. El archivo. Concepto y finalidad
   - Clases de archivos.
     — Por su ubicación: centralizado, descentralizado o mixto.
     — Por su contenido: público o privado.
     — Por la frecuencia de su utilización: activo o de gestión, semiactivo o definitivo.
     — Por el tipo de soporte utilizado: papel y electrónico.
   - Sistemas de registro y clasificación de documentos.
     — Alfabético.
     — Numérico.
     — Alfanumérico.
     — Temático.
     — Geográfico.
     — Cronológico.
     — Otros.
   - Mantenimiento del archivo físico.
     — Recursos materiales.
     — Infraestructura de archivo.

- Mantenimiento del archivo informático.
  — Métodos.
  — Unidades de conservación.
- Planificación de un archivo de gestión de la documentación.
  — Análisis de la estructura de la organización y el tipo de actividad, para fijar la estructura de archivo más adecuada.
  — Determinación de contenidos y tipo de documentos a archivar.
  — Sistemas de registro y codificación a implantar.
  — Clasificación de documentos y niveles de acceso y restricciones del personal.
  — Definición de las formas de acceso al archivo.
  — Normas de conservación de documentación obsoleta o histórica: destrucción, archivo definitivo...
  — Elaboración el manual de archivo, atendiendo a la normativa vigente, en relación con la calidad, uso y conservación de archivos.
  — Comunicación a los empleados los procedimientos de acceso.
- Los flujogramas en la representación de procedimientos y procesos.
  — Concepto.
  — Características, tipos, simbología, diseño y elaboración.

2. **Utilización y optimización de sistemas informáticos de oficina**
   - Análisis de sistemas operativos.
     — Evolución, clasificación y funciones.
   - Instalación y configuración de sistemas operativos y aplicaciones.
     — Controladores, parches y periféricos.
   - Gestión del sistema operativo.
     — Gestión de procesos, memoria, ficheros, usuarios y recursos.
   - Gestión del sistema de archivos.
     — Elementos, funciones y búsquedas.
   - Exploración o navegación.
     — Barra de menú.
     — Barra principal.
     — Barra de dirección.
     — Panel lateral.
     — Panel de visualización.
     — Barra de estado.

- Grabación, modificación e intercambio de información.
  - Documentos estáticos y dinámicos.
  - Vinculación e incrustación de información
- Herramientas.
  - Compresión y descompresión.
  - Multimedia.
- Procedimientos para usar y compartir recursos.
  - Configuración de grupos de trabajo.
  - Protocolos de comunicación.
  - Servicios básicos de red.
- Optimización de los sistemas.
  - Entorno gráfico y accesibilidad.
- Técnicas de diagnóstico básico y solución de problemas.
  - Catálogo de incidencias.
  - Reproducción de incidencias y soluciones.
- Procedimientos de seguridad, integridad, acceso y protección de información.
  - Copias de seguridad y mecanismos alternativos.
  - Programas maliciosos.
- Normativa legal aplicable.
  - Propiedad intelectual.
  - Ley Orgánica de Protección de Datos.
  - Código de Comercio.

3. **Implantación y transición de sistemas de gestión electrónica de la documentación**
  - Organización y funcionamiento de los centros de documentación y archivo.
    - Determinación de los elementos que intervienen en un sistema informatizado de gestión documental.
  - Ventajas e inconvenientes del soporte informático, frente a los soportes convencionales.
    - Desde el punto de vista de la seguridad.
    - Desde la óptica del uso la racional de los recursos.
    - Desde el punto de vista económico.

- Definición del flujo documental a partir de aplicaciones informáticas específicas.
  - Flujo paralelo.
  - Flujo secuencial.
  - Flujo convergente.
  - Flujo iterativo.
- Diseño del sistema de clasificación general para toda la documentación.
  - Determinación de los períodos de vigencia, atendiendo a los preceptos legales.
  - Codificación de documentos.
  - Normalización de los sistemas de ordenación y clasificación: manual de archivo y clasificación de documentos.
  - Valoración de los documentos a conservar en soporte papel, de acuerdo con la normativa legal.
  - Establecimiento de niveles de seguridad (*backup* u otros medios), y de acceso a cada documento.
  - Instrucciones para seguimiento, conservación, almacenamiento, duración del archivo, expurgo y control de documentos, de acuerdo con la normativa vigente.
- Enfoques y sistemas de calidad en la gestión de la documentación.
  - UNE-ISO 15489.
  - Modelo EFQM de excelencia.
  - Otras normas.

Nota del editor

En Ediciones Paraninfo estamos comprometidos con la calidad de la formación e intentamos que nuestros materiales, respondan fielmente y con rigor a las necesidades de todos cuantos confían en nuestro sello editorial.

Tratamos de dar respuesta a los currículos de las unidades formativas y de los módulos que integran los distintos Certificados Profesionales, equilibrando la parte teórica con la práctica para que los procesos de aprendizaje se conviertan en experiencias gratificantes tanto para docentes como para las personas inmersas en los procesos formativos.

Contribuir de forma decisiva a afianzar aprendizajes, ayudar a adquirir destrezas que tengan significado para el empleo y conseguir potenciar el desarrollo personal es nuestra mayor satisfacción como editores.

Para lograrlo contamos con excelentes autores, expertos en las materias que abordan, en la mayoría de los casos docentes de dichas especialidades con dilatada experiencia profesional y académica, porque buscamos perfiles familiarizados con los contextos laborales concretos a los que se refieren nuestros manuales.

Confiamos en poder serte de ayuda y esperamos tus impresiones acerca de nuestro trabajo. Sean positivas o negativas, serán muy bien recibidas y, sin duda, nos ayudarán a seguir mejorando y trabajando con ilusión para continuar siendo un referente en formación para el empleo.

Agradecemos tu confianza en nuestros manuales. Todo nuestro equipo queda a tu total disposición. Puedes contactar con nosotros en esta dirección de correo electrónico: info@paraninfo.es.

1. El archivo. Concepto y finalidad

Introducción

El concepto de archivo ha ido evolucionando con el paso del tiempo, recibiendo nuevas acepciones o matices.

Existe un gran número de definiciones. El *Diccionario de terminología archivística* del Consejo Internacional de Archivos define *archivo* en tres acepciones:

1. «Como el conjunto de documentos sean cuales sean su fecha, su forma y su soporte material, producidos o recibidos por toda persona física o moral, y por todo servicio y organismo público o privado, en el ejercicio de su actividad, y son, ya conservados por sus creadores o por sus sucesores para sus propias necesidades, ya transmitidos a la institución de archivos competente en razón de su valor archivístico».

2. «Institución responsable de la acogida, tratamiento, inventariado, conservación y servicio de los documentos».

3. «Edificio o parte del edificio donde los documentos son conservados y servidos».

Por lo tanto, *archivo* es una palabra polisémica que se refiere a:

- El fondo documental. El conjunto de documentos producidos o recibidos por una persona física o jurídica durante el ejercicio de sus actividades.

- La institución o servicio responsable de la custodia y el tratamiento archivístico del fondo.

- El edificio o local donde se custodia el fondo.

Para establecer una definición más completa del término archivo, se va a citar la que hizo la archivera sevillana Antonia Heredia Herrera (*Archivística general: teoría y práctica,* 1989):

«Archivo es uno o más conjuntos de documentos, sea cual sea su fecha, su forma y soporte material, acumulados en un proceso natural por una persona o institución pública o privada en el transcurso de su gestión, conservados, respetando aquel orden, para servir como testimonio e información para la persona o institución que lo produce, para los ciudadanos o para servir de fuentes de historia».

En la actualidad, el término *archivo* se utiliza como sinónimo de *fichero* o *documento electrónico.* Así se pueden clasificar los archivos en dos categorías principales: en papel e informáticos.

En líneas generales, las funciones del archivo son almacenar, conservar y localizar los documentos siguiendo unos criterios y normas establecidas por la organización y la normativa de protección de datos. Dentro de estas funciones se pueden señalar distintos aspectos:

- Organizar y poner en servicio la documentación administrativa.

- Asegurar la transferencia periódica al archivo de los documentos cuando dejan de ser de uso corriente.

- Aplicar los principios y las técnicas de valoración para que, cuando haya pasado un periodo de tiempo, se seleccionen los documentos que por su valor vayan a ser conservados de forma indefinida y destruir el resto de documentos mediante el proceso de expurgo.

- Clasificar los fondos y mantener ordenada la documentación.

- Evitar la duplicidad de documentos y copias innecesarias.

- Describir la documentación para facilitar el acceso a la información de la forma más rápida. Para ello, se utilizan los instrumentos documentales o se puede valer de las ventajas que ofrecen las nuevas tecnologías de la información.

- Asegurar la conservación de los documentos en las mejores condiciones.

Contenido

1.1. Clases de archivos

El patrimonio documental está compuesto fundamentalmente por archivos de distinta tipología y titularidad. Tradicionalmente los archivos se han clasificado según el grado de valor de la información que contienen sus documentos, como archivos administrativos e históricos.

Actualmente, cuando se intenta crear una visión que integre la función administrativa y cultural del archivo, no es aprobada con unanimidad por los expertos en archivística. Se puede decir que los archivos históricos son también archivos administrativos, pero con el valor añadido de la antigüedad, que es consecuencia de la acumulación de documentos durante el paso del tiempo.

El sistema de organización de los distintos tipos de archivos se elegirá en función de las necesidades de cada empresa. Los archivos se clasifican de acuerdo con los criterios que se detallan a continuación.

1.1.1. Por su ubicación: centralizado, descentralizado o mixto

En líneas generales, un archivo centralizado es aquel que guarda la documentación en un mismo lugar físico, cuyo encargado es un único responsable.

Figura 1.1. Archivo centralizado.

Por el contrario, un archivo descentralizado es aquel que tiene la documentación dispersa en sus respectivos departamentos o secciones.

En el archivo mixto se combinan los dos sistemas anteriores y es el más utilizado en las organizaciones. La documentación con carácter general se centraliza y luego se descentraliza en los departamentos. Una vez terminado el proceso, se realiza el traslado de la documentación al archivo central para su almacenamiento y consulta.

La centralización tiende a concentrar la autoridad de toma de decisiones en un grupo reducido de personas. No se delega en otras personas. La iniciativa, el poder de decisión y la potestad de ejercer sus funciones están reservadas al administrador.

La centralización se puede definir como un aspecto de la administración, como la tendencia a restringir la delegación en la toma de decisiones, en la que se mantiene un alto grado de autoridad en los niveles superiores.

SISTEMA CENTRALIZADO	
VENTAJAS	INCONVENIENTES
• Menor coste, ya que necesita menor cantidad de personal de apoyo.	• Es un sistema estático.
• Orden y control.	• Requiere personal especializado.
• Es un sistema asequible para todos.	• Es riguroso con el préstamo.
• El procedimiento es uniforme.	• Retrasa la información.

SISTEMA DESCENTRALIZADO	
VENTAJAS	INCONVENIENTES
• Mayor autonomía.	• Falta de conocimiento del personal.
• Rapidez de acceso.	• A veces falta información.
• Mayor proximidad.	• Dificultad en la búsqueda y control de los documentos.
• Ajuste permanente.	
• No requiere personal especializado, aunque debería tenerlo.	Se incrementan las tareas, se multiplican los espacios, equipos, materiales y personal relacionados con los diferentes archivos.
• Normas estrictas en cuanto al número de copias.	
• Normas para el control y seguimiento de documentos.	

SISTEMA MIXTO	
VENTAJAS	INCONVENIENTES
• Rápida localización de documentos.	• Falta de coordinación efectiva entre las dependencias.
• Mayor elasticidad.	• El archivo central debe establecer unas normas.

ACTIVIDADES

1. Indicar las diferencias entre un archivo centralizado y un archivo descentralizado.

2. Relacionar cada tipo de archivo con las características que lo identifican:

Los documentos que se guardan en un único lugar	Archivo descentralizado
Es una combinación del archivo centralizado con el descentralizado	Archivo centralizado
Está distribuido en distintas partes de la empresa	Archivo mixto

3. Una empresa de venta de automóviles usados divide su actividad por áreas geográficas.

   El archivo de incidencias de la zona suroeste ¿debe ser centralizado o descentralizado? Explicar por qué.

   ¿Es un archivo activo, semiactivo o pasivo?

1.1.2. Por su contenido: público o privado

Los archivos públicos son aquellos que custodian y sirven los documentos generados por las entidades públicas durante el ejercicio de sus competencias. Pueden ser consultados y se rigen por el derecho público. Según su actividad, pueden ser militares, judiciales o municipales.

Los archivos privados son aquel conjunto de documentos que han pertenecido a una persona pública, ya sea un político, literato, científico, artista en general o una familia con una notable importancia histórica que representa la actividad del personaje, institución o familia al que pertenecieron.

La principal diferencia entre un archivo público y otro privado radica en la adscripción del organismo productor de la documentación, de derecho público o privado.

Los documentos públicos producidos por un organismo de carácter público se consideran parte del patrimonio documental y por lo tanto están regulados por ley.

Por el contrario, los documentos producidos por una entidad particular o por una persona física requieren una antigüedad superior a los cien años para que puedan ser considerados patrimonio documental.

ACTIVIDAD

Indicar si los siguientes documentos son públicos o privados:

- Un expediente de un antiguo trabajador.
- Una póliza de seguros de hace tres años.
- Una sentencia judicial.
- Una partida de nacimiento.
- Un contrato de trabajo.
- Una factura de un proveedor.
- Archivo general de la nación.
- Archivo histórico Banco Santander.
- El expediente académico de un alumno que está estudiando en un instituto o universidad pública.

1.1.3. Por la frecuencia de su utilización

Los archivos se pueden organizar según la frecuencia de su utilización en:

- **Activos:** son aquellos donde los documentos son consultados con frecuencia. Su valor administrativo, fiscal o legal no pierde vigencia. Deben ser accesibles a la persona y estar situados en un área determinada por la ley de economía de movimientos. Estos archivos se corresponden con los archivos de gestión. Los archivos activos representan un tipo de información indispensable en la actividad diaria de una institución, ya que se consulta constantemente. No suelen ser registros superiores a cinco años.

- **Semiactivos:** es el archivo que contiene documentos utilizados de manera ocasional. El archivo está accesible y localizado cerca del archivo activo. La documentación archivada pertenece a estudios terminados, pero todavía en uso para la consulta, pudiendo ser considerada como rutinaria, a la espera de pasar al archivo cronológico, o de referencia, cuando debe quedarse un tiempo en el archivo inactivo debido al interés que representa. Se corresponden con los archivos centrales o intermedios.

- **Inactivo o pasivo:** es aquel que contiene la documentación referida a acciones pasadas, que apenas se utiliza y que ofrece un interés jurídico e histórico. Esta documentación está guardada en departamentos alejados del puesto de trabajo, especialmente adaptados a este fin. Los documentos se almacenan hasta que llegue el momento de su destrucción, o hasta que cumplan su función administrativa.

ACTIVIDADES

1. Responder a las siguientes preguntas de forma breve:

   - ¿Qué tipos de documentos deben mantenerse en el archivo activo?

   - ¿Cómo y dónde mantener los documentos del archivo activo?

   - ¿Qué tipos de documentos deben mantenerse en el archivo semiac-tivo?

   - ¿Qué documentos se engloban en este archivo?

2. Dados los siguientes documentos, asignar el tipo de archivo más adecuado atendiendo a la frecuencia de utilización:

Tipo de documento	Archivo activo	Archivo semiactivo	Archivo definitivo
Cartas contestadas que forman parte de una gestión en trámite			
Facturas de los últimos dos años			
Registros financieros de años anteriores			
El contrato que se hizo a un trabajador hace un año y que sigue en vigor			
Cualquier tipo de documento que acaba de llegar a una oficina			
Estatutos de la organización			
El contrato que se hizo a un trabajador que ya no está en la empresa			
Póliza del seguro de incendios			
Libros de contabilidad de años anteriores			
Escritura de constitución de la sociedad			
Documentos que se guardan como parte de la historia de una organización			
Correspondencia comercial obsoleta			

1.1.4. Por el tipo de soporte utilizado: papel y electrónico

Los archivos en papel son aquellos que son guardados en un soporte físico o material. Sigue siendo en la actualidad el formato más usado. Algunos ejemplos de archivos en soporte papel son las cartas y los expedientes.

Los archivos en formato electrónico son aquellos que usan un soporte digital y no tienen una ubicación material. Ofrecen almacenamiento seguro para los documentos y ficheros relativos a cada expediente. Son los encargados de gestionar el ciclo de vida de cada documento desde que es creado hasta el archivo definitivo, además de ser muy útiles a la hora de recuperar y consultar de la información tanto por los empleados de una institución como los interesados en el procedimiento.

La gran ventaja de los archivos en formato electrónico es que ahorran gran cantidad de papeles y evitan la acumulación de grandes depósitos de documentos. Algunos ejemplos de documentos electrónicos son las bases de datos y los correos de texto electrónico.

El procedimiento y la manipulación de los documentos, según sean en formato papel o electrónico, serán diferentes.

1.2. Sistemas de registro y clasificación de documentos

El material de archivo se puede clasificar de forma ordenada, según un cierto número de categorías, para facilitar su localización y llegar a un conocimiento profundo de su contenido.

La forma en que se deben clasificar los documentos, ya sea de forma alfabética, numérica, geográfica, por asuntos o por fecha, depende de la manera en que se solicitan con mayor frecuencia. Los archivos se clasifican según la información y la frecuencia con la que se consultan los documentos.

Como pueden ser solicitados de diversas formas, y como ciertos sistemas tienen ventajas sobre otros para una determinada tarea, se deben considerar con detalle todos estos sistemas.

El sistema elegido debe ser sencillo y las normas de clasificación deben ser fáciles de recordar. Se deben priorizar la rapidez y la eficiencia a la hora de localizar los documentos. Debe ser susceptible de nuevas ampliaciones.

El objetivo principal del registro es llevar un control de todos los documentos que entran y salen del archivo, dejando constancia en el libro de registro correspondiente.

1.2.1. Alfabético

Este sistema utiliza las letras del abecedario como criterio de ordenación. Los documentos que forman parte del archivo se ordenan a partir de una letra que normalmente suele ser la inicial de la palabra principal que identifica el documento.

Esta palabra clave se llama **ordenatriz,** y se toma como referencia en la clasificación. Si se encuentra el caso en el cual dos o más documentos empiezan con la misma inicial, se procede a ordenar los documentos por la segunda letra, y así sucesivamente si la palabra principal fuese la misma.

Es uno de los sistemas más antiguos y sencillos, y se emplea con mucha frecuencia. La ventaja que tiene es que se puede ordenar y ampliar fácilmente. Es muy útil para los archivos pequeños, porque ofrece una manera de ordenar sencilla y rápida. Apenas necesita preparativos y no hace falta un registro auxiliar para localizar lo que se busca.

Figura 1.2. Clasificación alfabética.

Entre sus inconvenientes está que si se incrementa mucho el número de expedientes, la búsqueda se puede complicar y, al crear nuevos expedientes, es necesario intercalarlos con los que ya están, obligando a un continuo trasiego de carpetas.

Hay una serie de normas orientativas a la hora de elegir la palabra ordenatriz:

En el caso de personas físicas, se considera como palabra ordenatriz el primer apellido.

En el caso de las personas jurídicas, se considerará como palabra ordenatriz la razón social sin tener en cuenta los nombres genéricos excepto administraciones públicas, bancos y entidades de mayor importancia.

Ejemplo

Se quiere ordenar la siguiente relación de nombres:

Luis Fernández Pradillo
Sara Mato Arévalo
Andrés Vital Salvatierra
Laura García Martín
Miguel García Pedrosa

Primero hay que empezar a ordenar de acuerdo con el criterio alfabético y, en caso de que coincida el primer apellido, se tendrá en cuenta el segundo:

Fernández Pradillo, Luis
Mato Arévalo, Sara
Vidal Salvatierra, Andrés
García Martín, Laura
García Pedrosa, Miguel

Ejemplo

En el caso de que sea una lista de nombres de empresas:

Hermanos García
Arreglos completos, S. A.
El bar de Juan

Primero se preparan para ordenar según su palabra clave u ordenatriz, y después se ordenan de acuerdo con el criterio alfabético:

Juan, (el bar)
García (hermanos)
Arreglos completos, S. A.

ACTIVIDADES

1. Clasificar alfabéticamente los nombres de los siguientes clientes:

Andrés Mellado Sánchez	David Delgado Meca	Alicia Senovilla García
M. ª Ángeles Muñoz Otero	Carmen Pavón Izquierdo	Antonio Grandes Mejía

2. Clasificar alfabéticamente los nombres de los siguientes clientes:

Huawey	Orange	El País
Iberdrola	Repsol	IBM

3. Clasificar alfabéticamente los nombres de las siguientes empresas y profesionales:

Hermanos Antúnez	Banco Santander	Cafetería Antonio
Compañía de Aguas, S. A.	Restaurante El Gatito	La Mercería de Esther

4. Enlazar los siguientes códigos alfabéticos con sus respectivos autores:

GRA, AIR	*El club* Dumas, Arturo Pérez Reverte
GAR MAR, CIE	Sarah Lark, *En el país de la nube blanca*
CER SAA, QUI	Fiodor Dostoievski, *Crimen y castigo*
PER REV, CLU	Almudena Grandes, *Los aires difíciles*
DOS, CRI	*El Quijote,* Miguel de Cervantes Saavedra
LAR, PAI	*Cien años de soledad,* Gabriel García Márquez

1.2.2. Numérico

Es un sistema de clasificación que asigna un número a cada documento para que se pueda clasificar y ordenar. La asignación de números se realiza por orden de llegada.

Es muy utilizado para clasificar expedientes y en tareas vinculadas a la contabilidad. Es un método sencillo y práctico a la vez que ilimitado. Al asignar una clave numérica, es imposible que se confunda con otro documento. Resulta muy eficaz para evitar el extravío de algún documento y se puede combinar con otros sistemas de clasificación.

El principal inconveniente es que, cuando no se conoce la clave asignada al documento, resulta difícil localizarlo. No permite intercalar nuevos documentos y no todos los documentos se adaptan a este sistema.

Como no se conoce el contenido del documento habrá que hacer una ficha con el número correspondiente y el nombre del tema. Estas fichas se ordenan por orden alfabético.

Ejemplo

Ordenar las siguientes cifras de forma numérica:

188297, 557894, 111215 y 881127.

Se quedan de la siguiente manera:

111215, 188297, 557894 y 881127.

1.2.3. Alfanumérico

Es un archivo codificado con una combinación de números y letras. Este tipo de clasificación permite realizar infinitas combinaciones, se pueden usar letras seguidas de números, números seguidos de letras, un número y varias letras, etcétera.

Este tipo de clasificación se usa mucho para archivar documentación relativa a matrículas de vehículos. Utilizar este sistema obliga a llevar de forma paralela unas fichas o índices que sirvan de guía.

El sistema alfanumérico no sigue siempre el mismo criterio, esto va a depender de la composición del código. Si primero van los números y luego las letras, se clasificará primero numéricamente y luego alfabéticamente, y si fuera al revés, primero letras y luego números, se clasificará primero alfabéticamente y luego numéricamente.

Figura 1.3. Matrícula.

Ejemplo

El siguiente documento está ordenado de esta manera:

008-CO-2016

008 es el número de orden.

CO es la nomenclatura asignada a los contratos.

2016 es la fecha en la que se firma el contrato.

ACTIVIDADES

1. Ordenar las siguientes matrículas de vehículos de menor a mayor:

5488 WWQ	9210 HPS	5507 LMM
2297 AUB	9147 ZQW	3193 KNV

2. Ordenar los siguientes códigos alfanuméricos:

CC989	K25	G009
JP1147	W41	S333

3. Ordenar los siguientes códigos alfanuméricos:

474NMN	319HXI	925PÑD	185XIS
543SIB	341LAM	217ASG	513MGH

1.2.4. Temático

Esta clasificación consiste en organizar la documentación según la materia o asunto al que se refiere. Después, se ordena cada uno de estos grupos siguiendo un criterio alfabético, numérico o cronológico.

Las características de este método permiten realizar dos clasificaciones:

• Primero se clasifica por asunto, se eligen los términos que establecen sus divisiones principales y luego se establecen otras subdivisiones.

• En segundo lugar, se establecerá un sistema que permita localizar los documentos de forma rápida; para ello, deben estar ordenados por materia. Tiene la ventaja de que es un sistema sencillo que permite ir añadiendo nuevos asuntos sin dificultad.

Uno de los inconvenientes es que a veces un documento se refiere a más de un asunto, por lo tanto, se duplica y se coloca en otra carpeta. Es difícil elegir correctamente las materias que van a representar a los documentos.

Ejemplo

En una librería se establecen distintas categorías temáticas para clasificar las novelas:

Aventura   *Tierra firme - El corazón de las tinieblas - Cobra*
Ciencia ficción   *La mano izquierda de la oscuridad - 2001 Odisea en el espacio*
Terror   *Drácula - El resplandor - Cujo*
Drama   *Las cenizas de Ángela - Purga - La cena*
Histórica   *Los pilares de la tierra - Una saga moscovita - Te daré la tierra*

ACTIVIDAD

Un empleado de un videoclub recibe el encargo de organizar las películas que están dispersas en la tienda sin ordenar todavía. Establecer una clasificación temática para ordenar las películas según el género al que pertenezcan.

Los puentes de Madison	Terminator	Troya
La vida es bella	La lista de Schindler	La isla mínima
1917	Mejor imposible	Al final de la escalera
El nombre de la rosa	Algo pasa con Mary	Babel
La la land	Robocop	Cadena perpetua

1.2.5. Geográfico

En este sistema la clasificación se realiza con base en un ordenamiento alfabético de regiones, territorios, estados, provincias, etc. Los documentos se ordenan siguiendo un orden decreciente de importancia respecto al lugar.

Dentro de las carpetas individuales de un archivo geográfico, los documentos se ordenan cronológicamente, y se coloca encima el documento que tenga la fecha más reciente.

Entre las ventajas de este sistema hay que señalar su sencillez. La documentación queda clasificada por grupos fáciles de identificar según provincia y población. Además, no es necesario consultar índices auxiliares y se pueden intercalar nuevas subdivisiones fácilmente.

Uno de sus inconvenientes es que solo es apropiado en archivos pequeños.

Además, es necesario designar una palabra ordenatriz para los nombres compuestos.

Ejemplo

Galicia	La Coruña	Fernández, Andrés
Castilla y León	Zamora	Cruz, Lola
Andalucía	Sevilla	Villaescusa, Laura
Valencia	Castellón	Benavente, Antonio

En el siguiente ejemplo se pueden identificar fácilmente los grupos y no necesita índices auxiliares para recuperar los documentos. Dentro de cada grupo se pueden hacer más divisiones.

ACTIVIDAD

Establecer una clasificación geográfica de las siguientes direcciones:

Calle Arboleda, n.º 13 / Avenida Astorga, n.º 10 / Calle Torcuato, n.º 6 / Calle Escolares, n.º 5 / Calle del agua, n.º 25 / Calle Alfonso VIII, n.º 3

1.2.6. Cronológico

El criterio empleado es la fecha en la que se ha registrado la entrada o creación de un documento. Está basado en la fecha de los documentos, que se agrupan dentro del archivo por años o meses. En el caso de tener papeles con la misma fecha, se seguirá el criterio alfabético. Los documentos se ordenan en primer lugar considerando el año, después por el mes y finalmente por el día. Se colocan en primer lugar los documentos más recientes y en último lugar, los más antiguos.

Es un sistema sencillo y rápido. El inconveniente es que se debe conocer la fecha del documento, así que es necesario comprobar uno a uno todos los documentos del archivo para poder localizarlo.

Esta clasificación se emplea principalmente para información de carácter financiero o económico.

Ejemplo

14-08-04	4 de agosto de 2014
15-10-11	11 de octubre de 2015
15-02-01	1 de febrero de 2015

ACTIVIDADES

1. Clasificar de forma cronológica los siguientes expedientes por fecha de antigüedad: 8 de marzo de 2001, 1 de enero de 2013, 25 de noviembre de 2009 y 12 de febrero de 1989.

2. Buscar la fecha de publicación y clasificar cronológicamente las siguientes obras de la escritora Almudena Grandes:

   Los aires difíciles, Los pacientes del doctor García, El corazón helado, Inés y la alegría, Besos en el pan y *La madre de Frankenstein.*

3. Combinar el sistema cronológico y numérico para ordenar estos documentos:

15/2014	188/2015	14/2009	111/2002
117/2003	1997/2005	604/2009	96/2019

1.2.7. Otros

Existen otros sistemas de clasificación:

Sistema decimal. Consiste en hacer diez grupos y asignarles un número del 0 al 9. Cada uno estará subdividido en otros diez grupos más de segundo orden, y se representan a través de dos cifras, y así sucesivamente hasta el infinito.

Sistema decimal universal. El sistema de clasificación decimal universal es uno de los sistemas más extendidos en el mundo. Fue creado por Milton Dewey en 1876 para organizar los libros de una biblioteca escolar, y es muy utilizado en las bibliotecas para elaborar el catálogo por materias. Dividió el conocimiento en diez grandes categorías: generalidades, filosofía, religión, ciencias sociales, filología, ciencias naturales, técnica y ciencias prácticas, arte y literatura e historia. Cada cifra puede subdividirse varias veces para lograr identificar claramente cada uno de los temas.

Es un sistema muy completo y requiere que aquellas personas que vayan a usarlo sean profesionales.

ACTIVIDADES

1. Determinar el sistema de ordenación más útil para cada documento:
   a) Facturas de teléfono que corresponden a los últimos tres meses.
   b) Plantillas de cartas elaboradas en Microsoft Word dirigidas a clientes de una empresa.
   c) Archivo con los datos económicos de las distintas divisiones de la empresa.
   d) Facturas electrónicas de la compañía suministradora de agua.
   e) Encuestas personales realizadas en la calle para realizar un estudio de mercado.
   f) Presupuestos de clientes particulares y empresas.
   g) Lista de páginas web de posibles competidores internacionales.
   h) Correos electrónicos recibidos durante la jornada de trabajo.

2. Establecer el sistema de clasificación más adecuado para los exámenes de la asignatura de Lengua de los alumnos de ESO y Bachillerato de un instituto. Hay que tener en cuenta las ventajas y desventajas de cada tipo de clasificación y explicar por qué.

1.3. Mantenimiento del archivo físico

Para conseguir que un archivo funcione de manera eficiente es necesario realizar un trabajo de mantenimiento para su correcta conservación y uso. El deterioro de los archivos y el paso del tiempo generan caos y desorden.

Uno de los problemas fundamentales en cualquier institución, ya sea pública o privada, es el espacio de trabajo. Es necesario disponer de una serie de materiales, mobiliario y una infraestructura adecuada para conservar de forma correcta los archivos, y así poder llevar a cabo la clasificación, y recuperar de forma rápida y fácil los documentos.

El edificio que alberga el archivo debe disponer de unas condiciones básicas para proteger de las condiciones climáticas, la humedad, el polvo, las plagas, un incendio, del deterioro natural del papel, etcétera.

Hay que contar con los recursos materiales suficientes para garantizar el correcto funcionamiento del archivo, y para que se adapte a los tipos de documentos que van a custodiar.

1.3.1. Recursos materiales

Existe una gran cantidad de recursos materiales que se pueden utilizar en un archivo cuyas características dependerán del tipo de información, la frecuencia de uso, el tamaño de archivo y la actividad que desarrolla.

Estos son algunos de los materiales más utilizados para el archivo de documentos:

Convencionales

Existen varios tipos de archivos convencionales:

- Carpetas

    Pueden ser de varias clases:

    — Carpetas clasificadoras: son carpetas amplias que están divididas en compartimentos con una etiqueta cada uno, en orden alfabético, cronológico,

etc. Su uso ya no está muy extendido, aunque pueden ser útiles para clasificar vencimientos de efectos comerciales, recibos, etcétera.

— Carpetas simples: tienen dos enganches de plástico en la parte superior
de cada solapa, que permiten su colocación sobre las guías de un bastidor
con ruedas para su ordenación y movilidad. Son de gran utilidad debido a
su movilidad. También son utilizadas para clasificar los listados informáticos que generan las impresoras.

• **Carpetas archivador**

— Tipo A-Z: es el tipo más extendido de esta clase de carpetas. Se pueden
encontrar en casi todas las oficinas. Dispone de dos fuertes ganchos de
medida estandarizada para perforar el papel y se acciona mediante una
palanca. Su precio es asequible y presta un buen servicio. Los documentos suelen ordenarse alfabéticamente.

— Con anillas: son carpetas con dos anillas para archivar los documentos
después de ser perforados. Tienen asociada una caja que sirve de archivo
para tres o cuatro carpetas más.

— Cajas de archivo definitivo: son cajas de cartón desmontables que contienen carpetas y documentos para ordenar en un periodo a largo plazo.

 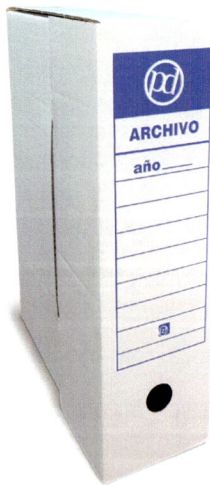

Figura 1.4. Carpeta archivador tipo A-Z.   **Figura 1.5.** Archivo definitivo.

• **Mobiliario**

— Estanterías: son baldas o estantes que se instalan horizontalmente y sirven para colocar y guardar los diferentes tipos de carpetas o carpetas archivadores.

Figura 1.6. Estantería.

— Estanterías modulares: son parecidas a las anteriores. Contienen una serie de cajas de plástico donde se pueden archivar los documentos. A estas estanterías y a las anteriores se les pueden añadir persianas como medida de seguridad o para que no se pueda ver su contenido.

— Armarios con carpetas suspendidas: es el clásico mueble archivador metálico con un número determinado de cajones, que a su vez contiene las carpetas en suspensión que descansan sobre las guías. Es un sistema casi idéntico al de las carpetas colgantes, pero estas están suspendidas en un mueble-armario.

Figura 1.7. Armario con carpetas suspendidas.

— Armario sobre raíles: se desplazan a lo largo de unos raíles o bastidores, dejando un pasillo transversal para el empleado, mediante el cual tendrá acceso a la estantería. Se acciona manualmente mediante volantes. Si el armario tiene mucho volumen, puede ser eléctrico.

— De seguridad: las empresas poseen información vital, y para protegerla se guarda dentro de muebles ignífugos, antitérmicos o con clave de acceso.

ACTIVIDAD

Indicar qué materiales y equipos de archivo se pueden utilizar para conservar correctamente esta documentación:

* Facturas recibidas y emitidas en el año en curso
* Escrituras de compraventa de terrenos
* Boletines Oficiales del Estado
* Albaranes que aún no han sido revisados

1.3.2. Infraestructura del archivo

La elección de los elementos del archivo es fundamental para conseguir el éxito o fracaso de un sistema de archivo. Por lo tanto, hay que evitar el uso de soportes inadecuados.

No todos los archivos son iguales. Por lo tanto, hay que tener en cuenta los siguientes aspectos:

* **El formato de los documentos.** Pueden ser archivos originales y/o fotocopias, papel y/o material informático, carpetas a guardar en un armario y/o un sistema informático en el que se trabaja. Son muchas las posibilidades que pueden darse, juntas o por separado, y se deben estudiar detenidamente.

* **La frecuencia de uso.**

* **El volumen total del archivo.** Es necesario considerar el número de documentos que formarán parte del sistema durante un periodo de tiempo determinado (normalmente un año), y cuánto tiempo deben permanecer en el archivo activo para luego pasar al semiactivo. Si los cálculos son precisos se evitará que se produzca una saturación del servicio.

Por otro lado, las características que debe tener el lugar son:

* La accesibilidad. El documento debe ser fácil de alcanzar por los usuarios y debe estar cerca de ellos. En los archivos informáticos habrá que limitar

en lo posible interponer barreras para que el usuario alcance la información, respetando la seguridad y la privacidad.

- Identificación sencilla. El usuario debe reconocer fácilmente las características de la información que desee. Para ello son necesarios los identificadores, que serán claramente visibles.

- Crecimiento. Hay que tener en cuenta las posibilidades reales de crecimiento del archivo, especialmente en cuanto al archivo físico, ya que el archivo informático cuenta con dispositivos de alta capacidad.

- Conservación. La información es sensible a acciones externas, de modo que hay que asegurar su supervivencia. En los archivos informáticos se llevarán a cabo copias de seguridad periódicas.

Lo más importante es la funcionalidad, por lo que hay que dar más importancia a la eficiencia que al aspecto exterior de los sistemas de archivo. El gasto debe ser adecuado a las intenciones.

La instalación debe contar con la protección contra agentes nocivos ambientales: sol, calor, luz intensa, polvo, humedad, etc. El objetivo debe ser mantener la integridad física de la documentación, así como la información que contiene.

1.4. Mantenimiento del archivo informático

Los nuevos soportes tecnológicos han revolucionado el mundo de los archivos. Esto es debido principalmente a dos razones: una es que cada vez se puede conservar una mayor cantidad de información en dispositivos de escaso tamaño y peso, y por otro lado, está el sencillo traslado de los dispositivos. Las características de los equipos físicos (físicos) y los programas informáticos (*software*) facilitan el trabajo del proceso archivístico al personal encargado.

Es más fácil acceder a la información requerida sin necesidad de desplazarse del sitio del trabajo, se reduce el gasto en papel y se contribuye a la mejora del medio ambiente.

La **digitalización** de documentos es un recurso informático muy eficiente para la gestión documental, y se basa en la captura de la información y su transformación en formato digital para poder ser utilizado a través de un ordenador. Se emplea principalmente para evitar la utilización del documento original, y así se puede almacenar en formato de imagen o de texto. Para este último es necesario un *software* de reconocimiento óptico de caracteres (OCR).

Otro método que se puede usar para el mantenimiento del archivo informático sería la **microfilmación,** que consiste en tomar una foto de cada uno de los documentos y conservarlos en rollo de película. Se utiliza en archivos muy grandes y para dar seguridad y confidencialidad a la información, ya que permite obtener un duplicado de los documentos microfilmados con gran rapidez.

Los sistemas usados hoy en día para archivar electrónicamente todos los documentos del trabajo de oficina, como pueden ser pedidos, albaranes, facturas, estudios técnicos, correspondencia o faxes, etc., tanto recibidos como emitidos, son las bases de datos y los escáneres de oficina.

Con las bases de datos se procesa la documentación recibida, originada y emitida por la empresa, y con el escáner se captan los datos que llegan a la empresa del exterior (cartas, facturas, pedidos, documentación bancaria, reclamaciones).

De este modo se habrá conseguido que toda la información reflejada en papel sea tratada electrónicamente.

No obstante, se conservará el original de aquella página o páginas solamente cuando estén firmadas de puño y letra por el emisor. De esta manera, se puede destruir el resto de los documentos, pues toda su información está archivada o almacenada electrónicamente, cumpliendo con la normativa legal.

Es necesario llevar a cabo copias de seguridad periódicas para evitar la pérdida de los datos. Estas copias se pueden guardar en dispositivos como memorias USB, discos duros, DVD, etcétera.

1.4.1. Métodos

Es necesario combinar la gestión del archivo físico con la del archivo informático. Una buena organización facilitará su manejo y se podrá acceder a la documentación usando el mismo método de clasificación.

Al igual que ocurre en los archivos en papel, los documentos se pueden almacenar en archivos y directorios, asignando códigos predeterminados para identificar la documentación que contienen.

También habrá que determinar el lugar donde se van a almacenar, ya sea en los equipos, en el servidor, en los discos duros, en la nube, entre otros.

Es necesario establecer unas normas para todo el personal y que se apliquen de la misma forma, de esta manera se evita la pérdida de información y se reduce el tiempo de búsqueda.

Antes de establecer un método de archivo, hay que tener en cuenta distintos aspectos como son:

- La organización de la empresa.

- El tipo de documentos que se van a tratar.

- Quién va a gestionar esa documentación.

- Pasos para llevar a cabo la gestión.

- El volumen de documentación y el lugar de almacenamiento.

- Conocer los tipos y usuarios que van a consultar la información.

Es recomendable también que se desarrolle un plan director de archivos electrónicos.

Otros consejos:

- No mezclar los documentos de archivo con otros personales cuando se vayan a almacenar.

- Cuando se cierre el expediente, se debe eliminar todo tipo de documento que no sea necesario.

- No almacenar en el mismo directorio los documentos con los archivos del sistema o de las aplicaciones.

Eliminar los documentos electrónicos que se hayan imprimido o reducido en su correspondiente expediente físico, salvo aquellos que se puedan modificar o reutilizar.

1.4.2. Unidades de conservación

Los soportes digitales tienen la capacidad de almacenar una gran cantidad de información en muy poco espacio y ser fáciles de manejar. Hay que tener en cuenta sus características, modos de uso y métodos de conservación. Los principales dispositivos de almacenamiento son:

- **Disquete.** Es un dispositivo de almacenamiento de datos formado por una pieza circular de material magnético, fina y flexible en una carcasa de plástico. Tiene una capacidad mínima de almacenamiento. El tiempo de acceso a la información es lento, y es de escasa fiabilidad. Actualmente está en claro desuso.

Figura 1.8. *Disquete.*

- **Discos zip.** Tienen una fiabilidad media. El tiempo para acceder a los datos es un poco lento. Por este motivo sirven para hacer copias de seguridad, pero no para hacer consultas. Al igual de los disquetes, se encuentran en claro desuso.

- **Disco duro.** Tiene una fiabilidad media. La capacidad de almacenamiento es muy grande. El tiempo de acceso es muy rápido. Permite añadir y eliminar ficheros muy fácilmente, pero no se puede controlar a través de contraseñas. Es el soporte ideal para cualquier tipo de fichero o documento.

Figura 1.9. Disco duro.   Figura 1.10. CD.

- **CD-ROM.** Ofrecen una gran fiabilidad para conservación de la documentación. Su capacidad de almacenamiento es de hasta 650 Mb. Son muy útiles para conservar documentos con texto, sonidos e imágenes. El tiempo de acceso es rápido. Son de gran utilidad para conservar información que no se va a modificar y de consulta usual, como los instrumentos de descripción del archivo. Existen modificables, que ofrecen la posibilidad de añadir, borrar y actualizar la información.

- **DVD.** Tiene gran fiabilidad y una capacidad de almacenamiento muy grande de hasta 650 Mb. El tiempo de acceso es rápido. Permite controlar la posibilidad de añadir, modificar y eliminar. Es útil para conservar ficheros de texto, sonidos e imágenes. Estos soportes tecnológicos han significado una revolución en el mundo de los archivos. Su generalización como soporte documental ha supuesto para los archiveros un esfuerzo por aplicar los principios de organización a estos nuevos soportes.

- **Unidades de memoria USB.** Tienen una gran capacidad de almacenamiento y día a día se van superando. Se han convertido en el sistema más utilizado. El inconveniente es que puede haber equipos que no sean capaces de leer la información contenida en estos dispositivos.

Figura 1.11. DVD.   Figura 1.12. Unidad de memoria USB.

- **Blue Ray.** Es un disco óptico que surge de la evolución del CD-ROM y el DVD. Conserva el mismo aspecto y tamaño de los anteriores, pero aumentando la capacidad de almacenamiento de datos hasta llegar a los 100 GB.

- *Cloud computing* o **servicios web.** Esta tecnología permite acceder a servicios informáticos a través de internet, desde el uso de aplicaciones hasta el almacenamiento y procesamiento de datos. Algunos de los más utilizados son Dropbox, Google Docs, Wordpress, etcétera.

1.5. Planificación de un archivo de gestión

Para poder planificar un archivo de gestión, es necesario elaborar un plan de trabajo. Este plan necesita la implicación de todos los responsables del archivo.

Comienza con una reunión de todos los responsables. Hay que estudiar detenidamente cuáles son los problemas del archivo de oficina. Los cuestionarios son de gran utilidad para revelar la situación real en la que se encuentra.

Hay que recopilar información de la organización y de toda la documentación que se genera. Es fundamental identificar el organismo, su estructura, los objetivos y sus competencias. Hay que obtener un consenso sobre la producción de documentos, identificar las series documentales, el número de expediente, los plazos de vigencia, etcétera.

Hay que llevar a cabo un plan de actuación, que se basa en los siguientes aspectos:

- Elaborar un cuadro de clasificación general.

- Diseñar el recorrido de la documentación para favorecer la correcta organización.

- Establecer diversos métodos para poder recuperar los documentos.

- Una estimación de la cantidad de documentos y las futuras ampliaciones para determinar las necesidades en cuanto al espacio.

Para que estas funciones puedan realizarse de manera eficaz, el archivo de gestión debe contar con los siguientes instrumentos:

- Normas básicas de organización de este archivo.

- Normas de transferencia documental al archivo central.

- Cuadro de clasificación de toda la organización.

- Cuadro de clasificación del departamento.

- Los procedimientos de ordenación de los documentos.

- Los instrumentos de descripción.

- Los instrumentos de control.

- El calendario de conservación.

- Los procedimientos de instalación de los documentos.

ACTIVIDAD

Señalar aquellos aspectos en los que se debe centrar el plan de actuación de un archivo de gestión.

1.5.1. Análisis de la estructura de la organización

El primer paso para fijar la estructura del archivo es realizar una investigación preliminar. Consiste en identificar y documentar el papel y el propósito de la organización, estructura, entorno legal y la gestión de los puntos débiles y fuertes de la gestión de documentos. Esta investigación será determinante en las futuras decisiones sobre el sistema, sobre todo a la hora de recopilar información para elaborar el cuadro de clasificación.

El análisis de la actividad es la etapa en la que se estudian las funciones, actividades, procesos y trámites. El propósito es desarrollar un modelo conceptual de la institución o empresa, indicando la relación entre los documentos y las actividades.

Para dar respuesta a las demandas de una institución, es necesario identificar las estrategias para satisfacer las necesidades de gestión de los documentos.

Hay que tener en cuenta su naturaleza, el tipo de actividad, la forma de llevarla a cabo, las tecnologías que la soportan, la cultura corporativa y los condicionantes externos.

También hay que determinar el número de personas que se va a atender y el tipo de actividad de la organización para elegir el sistema de organización más adecuado.

El sistema o sistemas elegidos deben funcionar como un todo único para que se garantice el seguimiento de la documentación desde que se crea hasta su valoración final.

1.5.2. Determinación de contenidos y tipos de documentos a archivar

Según la Ley de Patrimonio Histórico Español, se considera documento de archivo toda expresión en lenguaje natural o convencional y cualquier otra expresión gráfica, sonora o en imagen, recogida en cualquier tipo de soporte material, incluso los soportes informáticos, que son testimonio de las actividades propias de la organización en el cumplimiento de sus fines y que no formen parte del patrimonio bibliográfico.

Para llevar a cabo una buena organización del archivo, hay que diferenciar entre los documentos de archivo y los documentos de apoyo administrativo.

Los documentos de archivo son conjuntos orgánicos de documentos que responden a la dinámica de la oficina que los produce. Están relacionados con los que le preceden y los que le siguen (tienen carácter seriado). Son fuentes primarias de información y sirven como testimonio de la actividad de la organización. Una vez transcurridos los plazos establecidos de validez administrativa, legal, fiscal e informativa, deberán ser transferidos al archivo central.

Entre los documentos administrativos que se pueden archivar, estos son los más frecuentes:

- **De decisión.** Resoluciones y acuerdos.
- **De transmisión.** Comunicaciones, notificaciones y publicaciones.
- **De constancia.** Actas y certificados.
- **De juicio.** Informes.
- **De ciudadanos.** Solicitudes, alegaciones y recursos.

Las agrupaciones documentales que se pueden encontrar en un archivo son:

- **Expedientes.** Es una unidad organizada de documentos para su utilización frecuente, y se refieren al mismo tema, actividad o asunto. El expediente es generalmente la unidad básica de la serie.

- **Serie.** Documentos organizados de acuerdo con un sistema de archivo o conservados formando una unidad.

- **Libros de registro.** Reunión de documentos que no tienen relación uno con otro, pero que han sido agrupados solo por su función de control.

- **Carpetas de asuntos.** No se inscriben en ninguna fase de tramitación. Puede definirse como un expediente breve, si se entiende que cualquier solicitud dirigida a un órgano de la administración inicia un expediente.

Los documentos de apoyo administrativo son los que sirven de ayuda a la gestión administrativa. Pueden ser boletines oficiales, revistas, publicaciones, informes elaborados por otras organizaciones, etc. Estos documentos no testimonian la actividad de la organización y no forman parte de su patrimonio documental, por lo tanto, no serán transferidos al archivo general y se destruirán en la propia oficina.

ACTIVIDAD RESUELTA

En la empresa del hermano Juan han decidido implantar un sistema informatizado de documentación digital, debido a la acumulación de grandes cantidades de documentos para los que no hay espacio suficiente en el edificio. Los equipos informáticos están un tanto anticuados, así que es necesario marcar unas pautas que puedan ayudar a crear un sistema de organización de documentos digitales que sea claro y fácil de usar para todos los empleados:

- **Crear subcarpetas.** Hay que huir de la tentación de meterlo todo en el mismo sitio, y así evitar que ese documento que se está tratando de localizar no quede perdido en medio del caos.

- **Usar nombres de archivos descriptivos.** Indicar la fecha, el tema, las personas o empresas implicadas. Todo aquello que sea de ayuda para no tener que perder tiempo y abrir el archivo.

- **Escribir las fechas de manera inversa.** Primero hay que indicar el año, luego el mes y, por último, el día. De esta manera, el listado saldrá ordenado automáticamente.

- **Usar colores y marcas visuales.** Es una manera muy eficaz de encontrar de forma rápida lo que se está buscando.

- **Asegurarse de que todo el equipo conoce y está familiarizado con las pautas que se establezcan.** Debe haber un método común para que todo el mundo proceda de la misma manera y que no haya dudas.

- **Establecer la rutina de clasificar y nombrar un archivo según las normas desde su creación.** De esta manera se evitan posibles olvidos.

1.5.3. Sistemas de registro y codificación a implantar

Un archivo es un entorno dinámico donde los documentos están en constante movimiento. Por lo tanto, es conveniente establecer un registro de entrada y salida de documentos. Este control de la documentación se consigue a través de las hojas de control, que consiste en registros de entrada y salida donde consta la fecha y la hora del movimiento y quién lo ha hecho.

Las bases de datos y las hojas de cálculo registran los documentos que entran y salen del archivo mediante un código. Este código identifica los documentos y les distingue del resto.

DEFINICIÓN La **codificación** es un proceso que consiste en la asignación de letras, números o una combinación de ambos a los documentos clasificados para registrarlos y archivarlos.

Hay que decidir qué sistema de clasificación y codificación se va a llevar a cabo teniendo en cuenta las características de los documentos que se van a organizar.

El sistema de codificación debe ser breve, lógico, flexible y sencillo.

Puede utilizar letras, números o una combinación de letras y números. Es aconsejable evitar la sucesión de más de tres letras o una secuencia numérica demasiado larga.

Estas son las etapas para registrar y codificar documentos:

- **Recepción:** se asignan los códigos a cada documento por orden de llegada o salida.

- **Registro:** se identifica el tipo de documento y se anota de forma detallada en el libro de registro.

- **Distribución:** la documentación se distribuye a las personas o departamentos responsables.

- **Clasificación:** una vez se hayan recibido los documentos se comenzará con la clasificación según las normas establecidas.

- **Codificación:** una vez agrupados, se identifica cada documento con el sistema de codificación más conveniente para su posterior archivado, que puede ser alfabético, numérico o cronológico.

Estos sistemas se pueden combinar o utilizar otros.

Figura 1.13. Etapas para registrar y codificar documentos.

Ejemplo

En esta hoja de control se reflejan los movimientos de entrada y salida de la documentación. Si se filtra la búsqueda por empleado, se pueden ver todos los documentos que hayan sido registrados o devueltos en su fecha correspondiente:

Movimiento	Fecha	Hora	Documento	Empleado
S	22/07/2019	11:30	10-CO-05/15	Miguel Ruiz
E	25/07/2019	17:00	01-CAL-08/08	Laura Gil
E	31/08/2019	15:30	10-CO-05/15	Miguel Ruiz
S	07/08/2019	14:20	10-CO-07/11	Laura Gil

*Se codifica entrada como E y salida como S.

Ejemplo

En una organización se quiere establecer un sistema de codificación de documentos que se adapte a las necesidades de su organización.

En la siguiente tabla se muestran los códigos asignados para cada unidad o departamento de una organización. Está formada por tres dígitos, letras o una combinación de ambas:

Unidad	Código
Presidencia	PRE
Compras	COM
Calidad	CAL
Soporte	STE
Desarrollo	DES
Recursos humanos	RHH

A continuación, se establece una lista de códigos para una serie de documentos:

Código	Descripción
CAR	Carta
CIR	Circular
FAC	Factura
FOR	Formulario
MAN	Manual
N/E	Nota de entrega

Ahora se van a relacionar las tablas con las dos codificaciones. Primero, se escribe el código de la primera tabla y a continuación el código de la tabla segunda, seguido de un número correlativo y una breve descripción del documento. Al final se agrega la fecha de actualización:

Área	Documento	N.º correlativo	Descripción	Fecha
CAL	MAN	01	Manual de organización	01/02/2022
CAL	MAN	02	Manual de oficina	05/03/2022
COM	FAC	01	Factura electrónica	05/02/2022
RHH	FOR	01	Oferta de empleo	18/02/2024
DES	N/E	01	Entrega de *software*	04/02/2022

1.5.4. Clasificación de documentos y niveles de acceso y restricciones de personal

> **DEFINICIÓN** La **clasificación** es la operación archivística que establece categorías y grupos que reflejan la estructura del fondo documental. Es el primer paso del proceso de organización de un archivo.

Esta jerarquización se organiza dentro de una estructura lógica, llamada cuadro de clasificación, respetando los principios de procedencia y de orden original.

> El cuadro de clasificación debe contener un listado de los documentos que se manejan en la organización y los procedimientos administrativos correspondientes.

La clasificación de documentos responde a una doble necesidad. Por una parte, hay que proporcionar una estructura lógica al fondo documental para que represente la naturaleza de la institución que lo produce y, por otro lado, facilitar la localización de los documentos.

Tiene que ser lo suficientemente flexible para que se puedan incluir los cambios y las modificaciones en la estructura de una organización.

Acelera la recuperación de la información, ahorra espacio de almacenamiento y archiva los documentos bajo unos criterios uniformes.

> El criterio principal para escoger el sistema de clasificación de documentos será aquel que se adapte a las necesidades de la organización. Debe ser sencillo, flexible y eficaz.

Los principales sistemas de clasificación son los siguientes:

Clasificación orgánica. Establece los grupos según la procedencia de la documentación, reflejando así la estructura orgánica de la institución. Es fácil de aplicar, ya que corresponde al organigrama de la institución. Al mismo tiempo, resulta más rígida, ya que no refleja los cambios que haya podido sufrir. Es utilizada en organismos cuya estructura no tiene una gran complejidad.

Clasificación funcional. Separa los distintos grupos tomando como referencia las funciones y las actividades de la institución. Es un método más complejo, pues necesita un estudio más profundo de la institución, pero al mismo tiempo es más flexible, ya que no se limita a las denominaciones de las dependencias administrativas de un momento determinado. Se emplea para clasificar los organismos de larga duración en el tiempo y que varíen a menudo su estructura.

El método orgánico-funcional es el más recomendable en las oficinas por su flexibilidad para recoger tanto las funciones generales como las específicas.

Clasificación por materias. Reúne las series documentales según los asuntos o materias que aborda. Su uso es recomendable solo para casos excepcionales, debido a que este sistema no siempre respeta el principio de procedencia.

El acceso y restricción del personal al archivo u organización tendrá en cuenta los siguientes aspectos:

En los archivos descentralizados los responsables de las distintas secciones de una oficina tienen acceso directo a los documentos.

En los archivos centralizados los responsables de la oficina serán los que se encarguen de decidir qué personas pueden tener acceso a la documentación y a qué tipo de documentos, así como la forma de llevar a cabo el préstamo de documentos.

Existe el riesgo de que se pierda la documentación prestada. Para ello, es necesario llevar un control. El archivista, como persona responsable del archivo, debe saber dónde está la documentación que se le ha confiado. No solo realiza tareas de clasificación y ordenación, también puede restringir el acceso al archivo.

Existen permisos diferentes para acceder a los archivos informáticos, dependiendo del tipo de usuario. Estos permisos pueden ser de solo lectura, modificación y eliminación.

Cuando se trate de información de gran importancia o confidencial, se hará uso de contraseñas y cifrado de documentos.

Las restricciones generales tienen aplicación general a todos los documentos. Están adecuadas a la naturaleza de cada institución. Estas restricciones abarcan la protección de los datos personales, la privacidad, la seguridad, la información necesaria para la investigación y ejecución de leyes, los secretos comerciales, la seguridad nacional, etcétera. El ámbito y la duración de estas restricciones generales tienen que ser claras.

La documentación debe ser clasificada en función de la importancia de los datos que contiene en varios niveles de acceso:

- **Público.** Los datos que contiene no poseen ninguna protección legal especial ni información privilegiada de la empresa.

- **Restringido.** Contiene cierta información sensible, como los datos personales. Es necesario establecer controles de acceso.

- **Confidencial.** Muy pocas personas en la organización tendrán acceso a esta información. Es el nivel máximo.

El cuadro de clasificación sirve como guía para establecer los niveles de acceso, los cuales corresponden a las competencias atribuidas a cada usuario.

1.5.5. Definición de las formas de acceso al archivo

A la hora de organizar el funcionamiento del archivo, es necesario considerar dos formas distintas de acceso, tanto para el archivo físico como para el archivo electrónico.

Hay que establecer un protocolo de acceso, ya que una o varias personas van a tener acceso a la documentación. En el caso de los archivos físicos, se dispondrá de fichas de solicitud de documentos para dejar constancia de todo lo que se ha extraído del archivo.

En los archivos informáticos cualquier persona puede acceder a la localización del documento a través del ordenador. Así se facilita el trabajo del archivista, solicitando de manera más precisa el documento que se necesita.

Es habitual comprobar que en las organizaciones la seguridad de la información recae en el departamento de informática y, por tanto, las medidas de seguridad se centran únicamente en aspectos tecnológicos, como los sistemas de autenticación o las copias de seguridad. Sin embargo, se suelen olvidar de implantar medidas de seguridad en el archivo en papel.

Es necesario proteger la información confidencial de cualquier organización, independientemente del soporte en el que se encuentre. Se deben identificar las ubicaciones que contienen este tipo de información para poder definir un inventario, y se debe almacenar en sitios que dispongan de mecanismos de cierre, como armarios o cajoneras bajo llave, y cerrar los despachos o salas donde se encuentre la documentación.

Los documentos que contienen información especialmente confidencial deben disponer de un registro de acceso que permita identificar quién y cuándo ha accedido al archivo físico. Por ello, es necesario habilitar medidas de acceso que permitan identificar a la persona que accede, como los sistemas de videovigilancia y los dispositivos de acceso personales.

Figura 1.14. Acceso al archivo.

Se debe evitar en la medida de lo posible abandonar documentos confidenciales sobre las mesas de los empleados, ya que supone un riesgo de acceso no autorizado. Fomentar una política de mesas limpias y almacenar los documentos en los lugares habilitados para este cometido puede evitar que se den este tipo de situaciones.

Es necesario desarrollar una normativa clara en la organización y fomentarla entre todos los empleados.

En cuanto a las normas de seguridad y acceso hay que señalar:

- Identificación de las personas que van a acceder al archivo. Deben estar autorizadas y, si no es así, deben ir acompañadas por personal responsable del archivo.

Para mantener la integridad de los archivos, debe ser obligatorio que la consulta sea supervisada por los empleados del archivo y, si se trata de documentos electrónicos, mediante mecanismos informáticos que puedan garantizar su integridad y protección.

- Implantación de de claves para evitar el acceso al archivo informático a personas que no estén autorizadas, especialmente para documentos que tengan carácter reservado o confidencial.

- Actualización de los programas antivirus para evitar que la información contenida en los programas no se deteriore o se destruya.

- Realización de copias de seguridad periódicas, para evitar la pérdida de información incluida en los archivos informáticos.

- Se deben tomar las medidas necesarias para la conservación de los documentos, protegiéndolos tanto del deterioro físico como de que puedan caer en manos ajenas.

ACTIVIDAD

¿Qué medidas son necesarias para evitar cualquier tipo de incidentes en un archivo?

ACTIVIDAD RESUELTA

En la biblioteca de la Universidad de Las Palmas de Gran Canaria se quiere rellenar el impreso de solicitud para consultar un documento.

El impreso se cumplimentará para cada documento solicitado cuando se vaya a consultar en el archivo. Figura en la intranet de la universidad y hay que rellenar los siguientes apartados:

Fecha de solicitud: día, mes, año.

N.º de consulta: es el número correlativo anual que se asigna a cada una de las consultas que se hacen en el archivo, y es el propio archivo quien debe cumplimentarlo.

Copia documento: es el número de copias realizadas de cada pieza documental contenida en el documento solicitado. El archivo debe cumplimentarlo.

Descripción de la documentación: se describe el contenido de la unidad documental y número de expediente si lo hubiera.

Fecha documentación: fecha de inicio y finalización del expediente.

Signatura archivo: es el código de control que asigna el archivo a la unidad de instalación (caja archivadora) que contiene la documentación solicitada.

Autorización: por el responsable de la unidad productora de la documentación que se solicita.

SOLICITUD DE CONSULTA

Fecha de solicitud: ..../........../.........	N.º de consulta: .... Copias documento:..........

SOLICITANTE:

Apellidos y nombre:...

DNI : ....

Dirección:...

Teléfono:......................

DOCUMENTACIÓN SOLICITADA

Descripción de la documentación	Fecha documento	Signatura archivo

FINALIDAD DE LA CONSULTA:

•El espacio sombreado será cumplimentado por el Archivo Universitario.

Autorización **Solicitante**

(Firma y sello) (Firma)

Figura 1.15. Hoja de solicitud de consulta.

1.5.6. Normas de conservación de documentación obsoleta e histórica: destrucción y archivo definitivo

CICLO VITAL DE LOS DOCUMENTOS

FASE ACTIVA   FASE SEMIACTIVA   FASE INACTIVA

Archivo de gestión → **Archivo central** → **Archivo histórico**

Transferencias primarias	Transferencias secundarias
VALORES PRIMARIOS	**VALORES PRIMARIOS**
Administrativos	Culturales
Legales	Científicos
Fiscales	Históricos
Académicos	

Figura 1.16. Ciclo de vida de los documentos.

En el **artículo 8 del Real Decreto 1708/2011,** por el que se establece el Sistema Español de Archivos, se menciona el término «archivo histórico», cuya función es albergar documentación histórica con valores de consulta que han cambiado. Es decir, los motivos por los que un documento era consultado pasan de ser motivos administrativos o legales a motivos culturales o de estudio histórico.

La documentación de un archivo puede perder su utilidad con el paso del tiempo, y llega un momento en el que hay que decidir qué se hace con ella, si se elimina o si se transfiere al archivo definitivo. La decisión sobre el destino de los documentos administrativos se debe tomar tras el correspondiente proceso de valoración. El proceso de valoración tiene como objetivo establecer los plazos de transferencias, acceso y la posible eliminación o expurgo de la documentación.

En el proceso deben participar tanto el órgano productor, los órganos correspondientes en materia de archivos y expertos especializados en el campo con el que se relacionen los documentos.

En las series documentales es necesario centrarse, en primer lugar, en el estudio de sus valores primarios y sus periodos de prescripción, los plazos de presentación de recursos y su resolución y los plazos de reserva que, en función de su contenido, deban establecerse según la legislación vigente.

A continuación, se detallan algunas observaciones para la conservación de la documentación obsoleta o histórica y su destrucción.

No todos los documentos se transfieren al archivo definitivo. Muchos de ellos se destruirán por no ser significativos y otros se conservarán en los archivos de gestión por ser de gran importancia.

El traspaso de los documentos debe hacerse durante periodos de menor actividad para la organización, para no obstaculizar las actividades normales de la organización.

Aquellos documentos que se vayan a conservar por un periodo largo se deben separar de aquellos que se retendrán por un periodo corto.

El lugar elegido para conservar la documentación obsoleta o histórica debe reunir las condiciones de ventilación necesarias para evitar que la humedad pueda afectar a los documentos, debe garantizar su protección, tener una luz adecuada para facilitar las tareas de archivo y, en la medida de lo posible, debe estar libre de polvo.

Una vez transferidos los documentos, deben estar a disposición de las personas que los soliciten y debidamente ordenados siguiendo las reglas establecidas.

La Ley Orgánica de 15/1999, de 13 de diciembre, de Protección de Datos de Carácter Personal establece que los datos se conservarán el tiempo estrictamente necesario para el cumplimiento de la finalidad para la que fueron creados. Cada organización debe establecer unos plazos razonables para la periódica eliminación de cualquier tipo de documentación. Es importante liberar el espacio físico y evitar que grandes cantidades de documentos se vayan acumulando en el archivo.

La eliminación de documentación en el archivo de oficina deberá hacerse siempre de manera controlada, teniendo en cuenta lo dispuesto por la legislación sobre protección de datos de carácter personal. Para ello, se utilizarán máquinas destructoras. En caso de duda, se consultará al archivo general.

ACTIVIDAD

Explicar en qué consiste el expurgo en un archivo. ¿Qué equipos pueden ayudar a realizar esta tarea?

Figura 1.17. Destrucción de documentos.

1.5.7. Elaboración del manual de archivo, atendiendo a la normativa vigente, en relación con la calidad, uso y conservación de archivos

> **DEFINICIÓN** El **manual de archivo** es también llamado el manual de tareas. Sirve de guía y como documento de consulta ante las dudas que vayan surgiendo para todas aquellas personas que hagan uso de la documentación que se conserva en el archivo, y para el personal que se vaya incorporando en un futuro.

Es desarrollado por los archiveros y los colaboradores más cercanos, y contiene las indicaciones que hay que tener en cuenta para la utilización del archivo.

El manual de archivo es un elemento imprescindible en todo archivo de ciertas dimensiones, establece cierta uniformidad en los procesos comunes y asegura que las directivas, normas y reglamentaciones sean conocidas por todo el personal.

Todas las disposiciones que contiene deben encontrarse en un clasificador con anillas o en algún otro sistema de fijación que permita sacar las hojas para su consulta, reproducción o inclusión de futuras revisiones. En ningún caso se encuadernarán.

Las normas deben recoger todos los aspectos relacionados con el funcionamiento del archivo y con los documentos tramitados. Los aspectos a abordar van desde la propia organización del archivo y el expurgo de los documentos hasta su conservación y acceso.

En el documento se deben hacer menciones claras sobre estos aspectos:

- La forma en la que se solicita el acceso a la documentación y cómo se concede en función de los perfiles de los que lo solicitan y el tipo de documentación.
- El modo en el que se destruyen los documentos.
- La normativa que se va a aplicar en el archivo. Se deben hacer menciones a la LOPD y a otras directrices empresariales que influyen en el tratamiento documental.
- El modelo de gestión de calidad.
- Los métodos de conservación de los documentos.
- El sistema de codificación elegido para clasificar los documentos.

Las normas que aparecen frecuentemente en el manual de archivos son:

Las actividades que se llevan a cabo en las organizaciones y que sirven para entender el trabajo que se desarrolla.

> **DEFINICIÓN** El **cuadro de clasificación** es un índice de clasificación basado en las series documentales de una organización. En él aparecen todas las series documentales creadas por la organización, independientemente de su soporte y de su cronología.

Una serie documental es el resultado de realizar una misma actividad a lo largo del tiempo. Son documentos con un mismo formato que se generan de forma cronológica. Algunos ejemplos de series documentales son las facturas de clientes y los expedientes de personal.

Facilita la búsqueda de todos los documentos de la organización, evitando duplicidades e inconexiones a la hora de recuperar la información. Permite conocer el contexto de creación de las series documentales y su relación con las demás.

En el cuadro de clasificación todas las series documentales están codificadas y organizadas jerárquicamente en categorías, y van desde lo más general hasta lo más específico. La codificación puede ser alfabética, numérica o alfanumérica, y debe ser única por cada nivel del cuadro.

Los códigos ofrecen información sobre las categorías y las series. Así se facilita el control y la recuperación de los documentos, utilizando un criterio único. Mediante esta codificación, las carpetas y cajas del archivo podrán ordenarse en estanterías y archivadores siguiendo un orden.

La organización de los archivos se basa en el cuadro de clasificación. Los índices y las series documentales están reflejados en él, de forma que se puede tener un amplio conocimiento de todos los documentos que se archivan.

Cada una de las series e índices deben estar correctamente explicadas y valoradas. Los sistemas de ordenación de cada índice deben estar reflejados en el manual, explicando claramente el motivo por el que fueron elegidos.

El manual debe incluir los modelos de fichas de los índices, las normas de ordenación, las copias de seguridad que se van a conservar y la información adicional para facilitar la consulta.

> **DEFINICIÓN** El **índice** es una lista de todos los nombres de las carpetas de los archivos. Permite conocer en qué lugar se encuentra un documento. Es un reflejo de la estructura del archivo y evita duplicados. Muestra si es coherente con las necesidades de una organización, facilita las transferencias de archivos y su eliminación.

El índice se puede elaborar en soporte papel, pero también conviene tener una versión en formato digital.

Los manuales de procedimientos suelen ser:

- Generales. Están concebidos para el uso de todos los empleados y abarcan la totalidad de los aspectos más significativos de la organización de un archivo. Informa de los diversos procedimientos realizados, reproduce la parte del reglamento referente a cuestiones de personal y ofrece otras informaciones de carácter general.

- Por departamentos o servicios. Son los procedimientos en vigencia en los distintos departamentos o servicios, y deben estar permanentemente en el escritorio del departamento en cuestión. Se entregan copias de las partes de interés a cada uno de los empleados para que puedan consultarlos en todo momento.

Ejemplo

Como ya se ha comentado anteriormente, elaborar un cuadro de clasificación requiere conocer muy bien la organización, las actividades y funciones que se llevan a cabo. Este puede ser un ejemplo:

1. Dirección de personal.
   1.1. Personal docente.
      1.1.1. Profesores.
         1.1.1. a. Expedientes de profesores.
      1.1.2. Investigadores.
   1.2. Personal no docente.
      1.2.1. Personal de servicio.

ACTIVIDADES

1. Elaborar un cuadro de clasificación de un departamento en una organización cualquiera.

2. Elaborar un índice numérico con los siguientes elementos:

   Dirección: organización, planificación, objetivos.

   Compras: materias primas, facturas.

   Recursos humanos: personal, cursos, vacaciones, formación.

   Logística: entregas, devoluciones, transporte.

Ejemplo

En la Universidad de Las Palmas de Gran Canaria los documentos se dividen en doce clases o funciones principales, que son las siguientes:

Código	FUNCIONES PRINCIPALES
A 100	ADMINISTRACIÓN GENERAL Y ORGANIZACIÓN
B 100	GESTIÓN DE LA INFORMACIÓN Y DE LAS COMUNICACIONES
C 100	REPRESENTACIÓN Y RELACIONES PÚBLICAS
D 100	GESTIÓN DE LOS RECURSOS HUMANOS
F 100	GESTIÓN DE LOS RECURSOS ECONÓMICOS
G 100	GESTIÓN DE LOS BIENES MUEBLES
H 100	GESTIÓN DE LOS BIENES INMUEBLES
I 100	NORMATIVA Y ASUNTOS JURÍDICOS
J 100	GESTIÓN DE LOS RECURSOS ACADÉMICOS
K 100	ORGANIZACIÓN DE LA DOCENCIA
L 100	GESTIÓN DE LA INVESTIGACIÓN
M 100	GESTIÓN DE LOS SERVICIOS OFRECIDOS A LA COMUNIDAD UNIVERSITARIA

Cada uno de los códigos de clasificación son representaciones numéricas de las funciones y actividades de la universidad en forma jerárquica, que resulta muy útil para archivar los documentos de forma normalizada.

Las funciones principales son el conjunto de responsabilidades por ley para el cumplimiento de sus fines. Cada una de estas funciones se desglosa jerárquicamente en subfunciones y actividades, formando el «Cuadro de clasificación de documentos de la universidad».

Por último, para definir lo mejor posible el contenido de los documentos, se pueden utilizar unos códigos auxiliares de clasificación, que son las subdivisiones: uniformes, nominales y específicas.

Por lo tanto, cada una de las clases principales, como por ejemplo A100, se divide en otras subclases que se relacionan con las subfunciones (siguiente nivel), y estas, agrupan las divisiones que corresponden a las actividades precisas.

A100	ADMINISTRACIÓN GENERAL Y ORGANIZACIÓN
A101	DOCUMENTOS CONSTITUTIVOS
A102	ÓRGANOS DE GOBIERNO Y REPRESENTACIÓN
Subdivisiones específicas E2 Acuerdos E3 Convocatorias E4 Elecciones E5 Renovación de miembros E6 Nombramientos	

1.5.8. Comunicación a los empleados de los procedimientos de acceso

Una vez hayan quedado establecidos los procedimientos de acceso a los documentos, es necesario que los miembros de la organización dispongan de esa información. Deben conocer las normas sobre el funcionamiento del archivo y, para ello, hay que realizar una comunicación formal de la organización.

La documentación relativa a estos procesos debe estar dispuesta en un lugar de libre acceso para que pueda ser consultada por los trabajadores en cualquier momento.

1.6. Los flujogramas en la representación de procedimientos y procesos

Los flujogramas son de gran importancia para cualquier organización, ya que ofrece elementos de juicio idóneos para representar procedimientos y procesos, así como las pautas para su manejo en sus diferentes valores. Sin ellos, la organización y planificación de la actividad puede ser limitada y poco eficiente.

Los procedimientos y objetivos deben estar claramente representados y bien descritos. La simbología y el método utilizado deben ser comunes para facilitar la comprensión a todos los participantes, una comunicación efectiva entre los miembros del equipo y también para fomentar la colaboración en la identificación de oportunidades de optimización.

Una vez completado el diagrama de flujo de proceso, es más fácil asignar los roles de los colaboradores en cada una de las etapas. Por ese motivo, también se puede usar como herramienta de formación para explicar a los nuevos empleados cómo funciona la organización.

La estructura y disposición de estos símbolos en el diagrama de flujo ayudan a visualizar la secuencia de acciones, identificar posibles cuellos de botella, puntos de decisión y áreas de mejora.

1.6.1. Concepto

> **DEFINICIÓN** Los **diagramas de flujo** son representaciones gráficas de las diversas etapas, actividades y decisiones que componen un proceso, con el objetivo de lograr un resultado específico.

Estos diagramas ofrecen una representación clara y sistemática de las secuencias de acciones, así como de las interacciones entre ellas.

Estos diagramas incorporan símbolos con descripciones estandarizadas y líneas de conexión que muestran la secuencia de pasos y decisiones de un proceso. De este modo, las formas y elementos que se van a utilizar suelen representar acciones, decisiones, entradas y salidas, entre otros comandos.

1.6.2. Características, tipos, simbología, diseño y elaboración

Las principales características que tiene que presentar un flujograma son las siguientes:

- Consiste en una representación gráfica compuesta por líneas y símbolos estandarizados que se acompañan de un texto breve.

- Sigue una secuencia u orden estructurado.

- El objetivo principal es representar visualmente un determinado proceso.

- Muestra la toma de decisiones de un proceso, así como las consecuencias derivadas de tales decisiones.

- Facilita la lectura, la comprensión y el aprendizaje de los procesos, al mostrar la información de manera simplificada, con lógica y coherencia.

- Se adapta a diferentes contextos, pudiendo aplicarse en entornos organizacionales, educativos, entre otros.

Los diagramas de flujo se pueden clasificar en varios tipos.

- Por su presentación:
  - **De bloque.** Se representan en términos generales para destacar aspectos determinados.
  - **De detalle.** Las actividades de forma detallada.
- Por su formato:
  - **Formato vertical.** El flujo va de arriba abajo y de derecha a izquierda.
  - **Formato horizontal.** La secuencia de las operaciones va de derecha a izquicrda de forma descendente.
  - **De formato tabular.** Se presenta en una sola carta el flujo total de las operaciones, correspondiendo a cada puesto o unidad una columna.
  - **De formato arquitectónico.** Se muestra el movimiento de las personas, materiales, o la secuencia de las operaciones a través del espacio donde se realizan.
- Por su propósito:
  - **De forma.** Son documentos con poca o nula descripción de operaciones.
  - **De labores.** Se indica el flujo de las operaciones, así como quién las realiza o en qué consisten.
  - **Analítico.** No solo se describe el procedimiento, sino quién lo hace, cómo hacerlo y con qué fin.
  - **De método.** Se muestra la secuencia de las operaciones, quién las realiza y la forma en que se hacen.
  - **De espacio.** Indica el espacio mediante el cual se desplaza una persona o una forma.
  - **Combinados.** Se utilizan dos o más diagramas en forma integrada.
  - **De texto e ilustraciones.** Se muestra el manejo de la información por medio de textos y dibujos.
  - **Procesados por computadora.** El flujo de información se hace utilizando recursos de *software.*

Un diagrama de flujo de proceso utiliza una variedad de símbolos estándar, como descripciones, rectángulos, rombos, círculos, flechas y prismas circulares, para representar diferentes elementos del proceso. Cada símbolo tiene un significado específico, lo que permite a los usuarios comprender fácilmente la naturaleza de cada actividad o decisión representada.

Para la construcción de diagramas de flujo se van a utilizar estos símbolos:

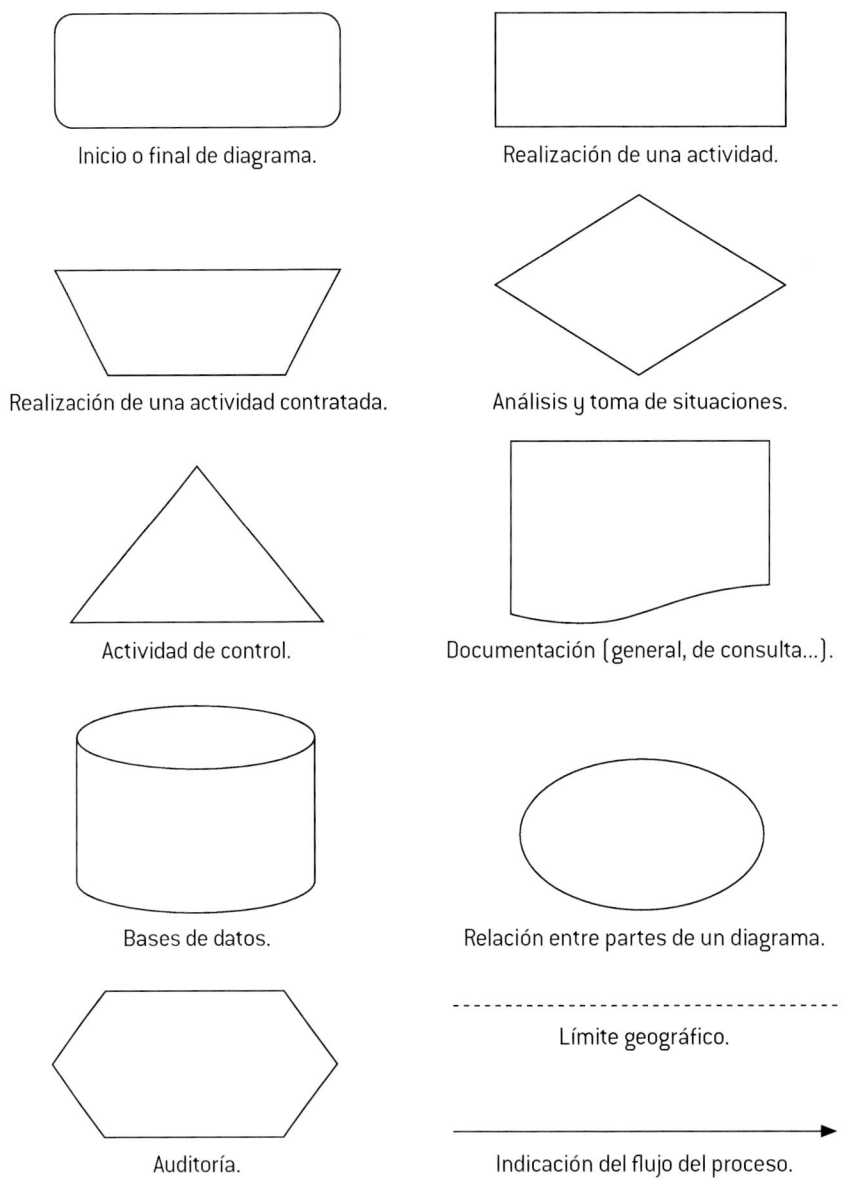

Inicio o final de diagrama.

Realización de una actividad.

Realización de una actividad contratada.

Análisis y toma de situaciones.

Actividad de control.

Documentación (general, de consulta...).

Bases de datos.

Relación entre partes de un diagrama.

Límite geográfico.

Auditoría.

Indicación del flujo del proceso.

Para diseñar un diagrama de flujo es necesario tener en cuenta estos aspectos:

- **Establecer quiénes van a participar en su construcción.** El grupo de trabajo o la persona responsable debe identificar qué organismos van a estar implicados en el proceso.

Para diseñar un diagrama de flujo es necesario tener en cuentas estos aspectos:

- **Establecer quiénes van a participar en su construcción.** El grupo de trabajo o la persona responsable debe identificar que organismos van a estar implicados en el proceso.

  Hay que invitar a un representante de esos organismos para participar en la construcción del diagrama de flujo.

- **Preparar la logística de la unidad de trabajo.** Hay que intentar que el ritmo de la sesión sea el adecuado. Para ello, es necesario:

  — Dar la información necesaria a los participantes sobre el objeto de la sesión y los procedimientos.

  — Tener material de escritura para continuar con el desarrollo del trabajo.

- **Definir claramente la utilización del diagrama de flujo y el resultado que se espera obtener de la sesión de trabajo.** El primer paso es clarificar el objetivo de la construcción del diagrama de flujo y escribirlo de forma que sea visible para todos los participantes.

- **Definir los límites del proceso en estudio.** El mejor método para clarificar y definir la definición de los límites del proceso es decidir cuáles van a ser el primer y último pasos del diagrama de flujo.

PASOS PARA ELABORAR UN DIAGRAMA DE FLUJO DE PROCESO

Figura 1.18. Pasos para elaborar un diagrama de flujo de proceso.

Es importante que cualquier empresa o negocio disponga de un diagrama de flujo para controlar las compras de material a sus proveedores:

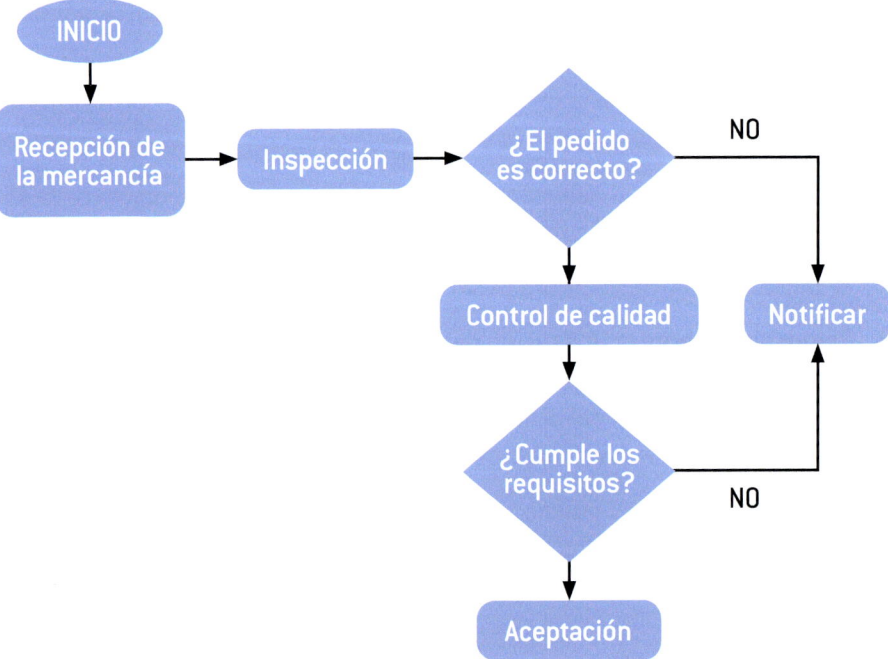

Figura 1.19. Flujograma 1.

Ejemplo

En una empresa de suministros de tóner se quiere conocer las dinámicas de cambios de sus productos mediante la utilización de un flujograma:

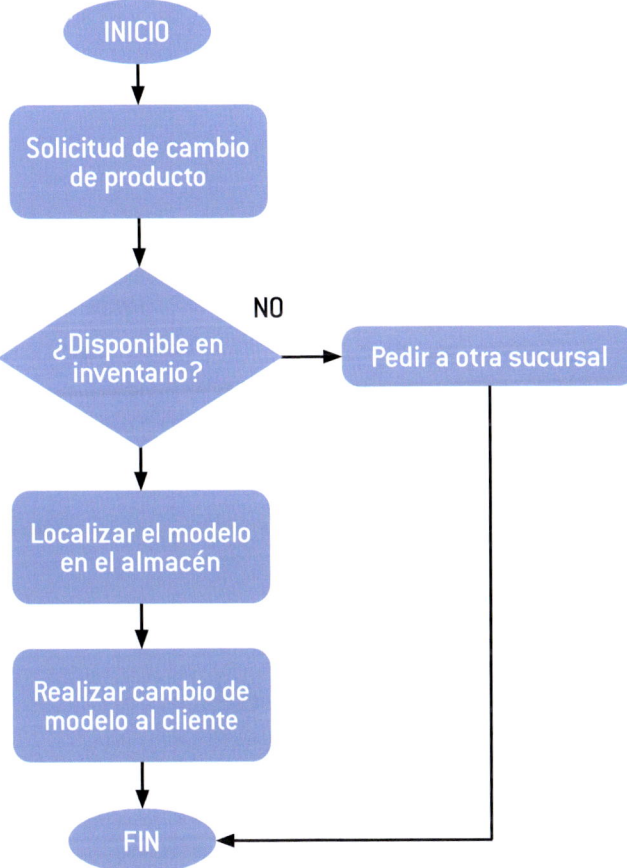

Figura 1.20. Flujograma 2.

Ejemplo

En una biblioteca se quiere diseñar un flujograma que represente los pasos a seguir para la adquisición de los libros:

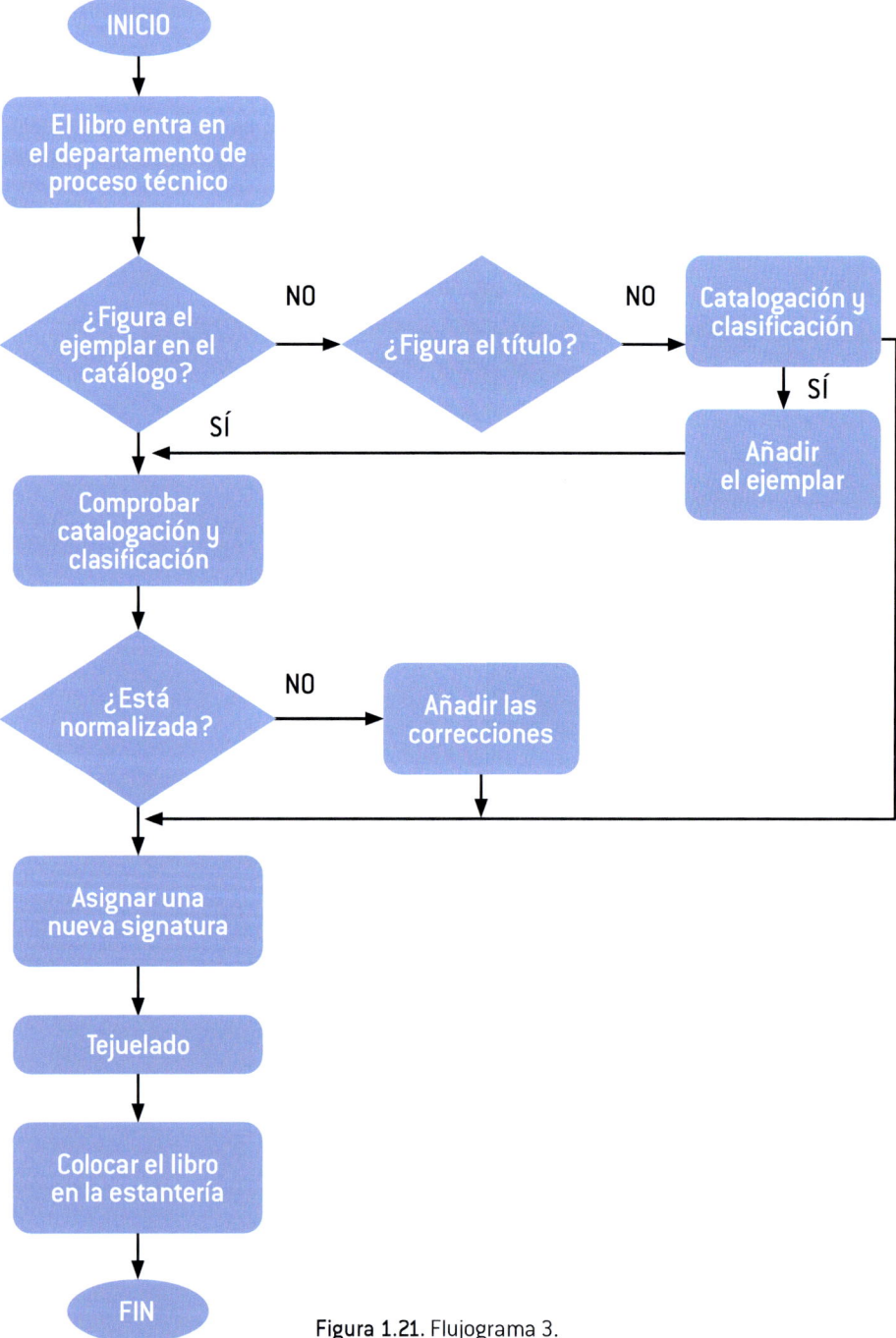

Figura 1.21. Flujograma 3.

Resumen

El *Diccionario de terminología archivística* elaborado por la Dirección de Archivos Estatales Españoles define *archivo* como un documento que es testimonio material de un hecho o acto realizado en el ejercicio de sus funciones por personas físicas o jurídicas, públicas o privadas, de acuerdo con unas características de tipo material y formal.

Existen diferentes clases de archivos según su ubicación, su contenido, la frecuencia de utilización y según el soporte utilizado.

Los documentos se pueden clasificar de forma alfabética, numérica, alfanumérica, temática, geográfica y cronológica.

Para el buen mantenimiento de un archivo físico es necesario disponer de una infraestructura adecuada con el fin de conservar de forma correcta los archivos, y así poder llevar a cabo la clasificación y posterior recuperación de los documentos.

El archivo informático también se rige por una serie de normas, y se deben tener en cuenta todos los aspectos de los diferentes dispositivos de almacenamiento que lo forman, así como los modos de uso y los diferentes métodos de conservación.

Un archivo de gestión debe contar con ciertos elementos como el cuadro de clasificación, unas normas básicas de organización, instrumentos de control, registro de transferencias e instrumentos de descripción de documentos.

El manual de archivo es un elemento imprescindible para poder consultar en caso de que surja cualquier duda.

El procedimiento del acceso al archivo debe quedar claramente definido, tanto para consultar documentos en papel como los documentos electrónicos. Para ello, los responsables del archivo deben establecer las medidas de seguridad necesarias, y así evitar pérdidas de documentos o que caigan en manos ajenas.

Los flujogramas son representaciones gráficas muy útiles para representar procedimientos y procesos en las empresas. Estos diagramas incorporan símbolos con descripciones estandarizadas que muestran la secuencia de pasos y decisiones dentro de un proceso, y facilitan su comprensión para todo el personal de la organización.

Autoevaluación

1.1. ¿Cuál de los siguientes instrumentos no se utiliza en un archivo de gestión?

    a) Cuadro de clasificación.

    b) Registro de transferencias.

    c) Protocolos de comunicación.

    d) Instrumentos de búsqueda.

1.2. Completar las siguientes frases:

Para definir la estructura más adecuada de una organización hay que tener en cuenta el tipo de _____ y la _____ de _____ a la que atenderá.

No todos los documentos se transfieren al _____. Muchos de ellos se destruirán por no ser _____ y otros se conservarán en los _____ por ser de gran importancia.

La principal diferencia entre un archivo _____ y otro privado radica en la adscripción del _____ productor de la documentación, de _____ público o privado.

Los documentos que contienen información especialmente _____ deben disponer de un _____ de _____ que permite identificar _____ y cuando ha accedido al _____ físico.

1.3. Indicar si las siguientes afirmaciones son verdaderas o falsas:

Deben establecerse claves que impidan a personas no autorizadas el acceso a los archivos informáticos.

☐ Verdadero   ☐ Falso

Para acceder a información confidencial dentro del archivo se establecerán contraseñas.

☐ Verdadero   ☐ Falso

El índice es un instrumento que facilita las copias de seguridad en las organizaciones.

☐ Verdadero   ☐ Falso

El criterio principal para escoger el sistema de clasificación de documentos será aquel que se adapte mejor a las necesidades de la organización.

☐ Verdadero ☐ Falso

1.4. El cuadro de clasificación:

a) Facilita la búsqueda de todos los documentos en una organización.

b) Ayuda a representar procedimientos y procesos dentro de una organización.

c) Evita duplicidades a la hora de recuperar la información.

d) Las respuestas a) y c) son correctas.

1.5. Entre los medios materiales que se pueden encontrar en un archivo están:

a) Carpetas clasificadoras.

b) Estanterías modulares.

c) Carpetas A-Z o archivadores de palanca.

d) Todas las respuestas son correctas.

1.6 ¿Cuáles de los siguientes soportes forman parte del archivo informático?

a) Disco duro.

b) Unidad USB.

c) Manual de archivo.

d) Las respuestas a) y b) son correctas.

1.7. Señalar de los siguientes elementos cuál no se considera como un tipo de diagrama de flujo:

a) Horizontal y plano.

b) Orgánico.

c) Vertical, horizontal y de bloques.

d) Panorámico y arquitectónico.

1.8. Las funciones del archivo son:

a) Almacenar, conservar y recuperar la información.

b) Guardar, ordenar y utilizar la información.

c) Utilizar, conservar y ordenar los datos.

d) Ordenar, almacenar y mantener los datos.

1.9. Los archivos semiactivos contienen:

a) La información más usada.

b) La información utilizada de forma ocasional.

c) La información de cada departamento empresarial.

d) Las respuestas a) y c) con correctas.

1.10. A la hora de planificar un archivo de gestión, ¿qué decisión hay que tomar?

a) Establecer una política clara en materia de gestión de documentos.

b) Designar un responsable en el equipo de dirección.

c) Asignar los recursos necesarios.

d) Todas las respuestas son correctas.

2. Utilización y optimización de sistemas informáticos de oficina

Introducción

El desarrollo de las nuevas tecnologías en la informática ha facilitado la realización de las tareas que se llevan a cabo en las oficinas. El rápido acceso a la información es una necesidad en el entorno digital actual y todos los procesos se encuentran automatizados, lo que supone necesitar menos personal y cometer menos errores.

El ordenador se ha convertido en un instrumento indispensable para las actividades de las personas, y tiene como función principal el tratamiento automático de la información, lo que favorece notablemente el proceso de captación, almacenamiento, clasificación, modificación y utilización.

La tecnología es necesaria y útil, pero también tiene sus inconvenientes. En este aspecto, los virus, la lentitud en el inicio de los equipos informáticos, los apagones de pantalla y los problemas con la impresora aparecen si no se realizan acciones como las actualizaciones periódicas, la limpieza de equipos, la gestión de seguridad, la optimización de *hardware* y *software*, y otras tareas de importancia.

Las técnicas de optimización aplicadas sobre los sistemas informáticos se han convertido en una herramienta eficaz para diagnosticar y solucionar todo tipo de problemas.

Contenido

2.1. Análisis de sistemas operativos

> **DEFINICIÓN** Un **sistema operativo** es el *software* principal o conjunto de programas de un sistema informático que gestiona los recursos del *hardware* permitiendo así la comunicación entre el usuario y el ordenador.

> **DEFINICIÓN** Un *software* es el conjunto de herramientas o programas destinados a realizar una o varias funciones dentro del sistema.

El sistema operativo actúa como un intermediario para que el usuario se pueda comunicar con el *hardware,* y así el sistema puede proporcionar un ambiente en el que el usuario puede ejecutar programas de forma eficaz y segura.

Un ordenador no puede funcionar sin un sistema operativo. Todas las funciones que puede realizar un ordenador están controladas por el sistema operativo. Cuando empieza a ejecutarse, inicia los procesos que luego va a necesitar para funcionar correctamente.

Es el encargado de administrar los recursos de la computadora para evitar que los programas entren en conflicto. Por ejemplo, evita que dos programas accedan simultáneamente al mismo sector de la memoria, lo que puede causar grandes problemas.

No solo se encuentran instalados en los ordenadores, sino que también están presentes en la mayoría de los dispositivos electrónicos que utilizan microprocesadores, como los teléfonos móviles o las *tablets.*

Los sistemas operativos utilizan imágenes y botones para que el usuario se pueda comunicar con el ordenador de forma sencilla y fácil, y así poder decir lo que quiere hacer en cada momento.

> Un sistema operativo es el encargado de gestionar el *software* y el *hardware*.

En general, se puede decir que un sistema operativo tiene las siguientes características:

- Conveniencia: hace más conveniente el uso de una computadora.
- Eficiencia: utiliza los recursos de la forma más eficaz posible.

- Habilidad para evolucionar y actualizarse: debe diseñarse de manera que permita el desarrollo, prueba o introducción efectiva de nuevas funciones del sistema sin interferir con el servicio.

- Administrar el *hardware:* se encarga de asignar a cada proceso una parte del procesador para poder compartir los recursos.

- Relacionar dispositivos: se encarga de comunicarse con los dispositivos periféricos, cuando el usuario así lo requiera.

- Organizar datos para un acceso rápido y seguro.

- Manejar las comunicaciones en red: permite al usuario manejar con mucha facilidad todo lo referente a la instalación y uso de las redes de computadoras.

- Facilitar las entradas y salidas: debe facilitar al usuario el acceso y manejo de los dispositivos de entrada y salida de la computadora.

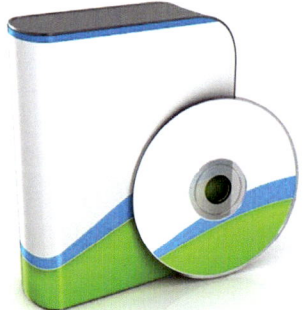

Figura 2.1. *Software.*

ACTIVIDADES

1. ¿Cómo se llama la parte de los ordenadores formada por los programas y las instrucciones para que funcione el ordenador?

2. Definir y nombrar las principales características de un sistema operativo.

2.1.1. Evolución, clasificación y funciones

Para comprender los requisitos y las características de un sistema operativo, hay que considerar cómo han ido evolucionando con el tiempo:

A finales de los años cuarenta, el uso de computadoras estaba restringido a aquellas empresas que pudieran pagar su elevado precio. No existían los sistemas operativos. Los programas se introducían directamente sobre el *hardware* de la máquina a través de una serie de microinterruptores.

En la década de los cincuenta, comenzó a surgir el concepto de sistema operativo. Son muy simples y básicos. Se empieza a hablar de los monitores residentes, el pensamiento por lotes y el almacenamiento temporal.

En los años sesenta, aparecen los circuitos integrados, que aumentan la potencia de los ordenadores. Los sistemas operativos se hacen más complejos y ofrecen nuevas técnicas, dando lugar a las primeras versiones de algunos de los sistemas operativos que han servido como base para muchos de los que se utilizan hoy en día, como UNIX.

Los sistemas operativos siguen estando al alcance tan solo de usuarios muy cualificados, y su complejidad conlleva que consuman una gran cantidad de recursos.

En la década de los ochenta, se produjo un gran crecimiento en la informática comercial. La llegada de los ordenadores a miles de oficinas y domicilios cambia el enfoque y obliga a desarrollar sistemas más amigables con el usuario, que introducen elementos gráficos, como los menús.

Desde los años noventa hasta la actualidad, comienza la era del multiprocesamiento, donde varias redes de ordenadores comparten recursos entre sí. Las aplicaciones son ejecutadas en una plataforma específica integrando los distintos tipos de *software*. Los niveles de interacción se van haciendo cada vez más profundos.

A lo largo del tiempo los sistemas operativos han ido clasificándose de diferentes maneras, dependiendo del uso o de la aplicación que se les da.

En función de la administración de tareas:

- Monotarea: permite ejecutar un solo programa a la vez.
- Multitarea: permite ejecutar varios programas o tareas al mismo tiempo.

En función de la administración de usuarios:

- Monousuario: son aquellos que solo soportan un usuario a la vez, como por ejemplo, un ordenador personal.
- Multiusuario: son aquellos que son capaces de dar servicio a más de un usuario a la vez. Este tipo de sistemas se emplean especialmente en redes.

Según la organización interna o estructura:

- Monolítico.
- Jerárquico.
- Cliente-servidor.

Según el acceso a los servicios o manejo de recursos:

- Centralizado: permite utilizar los recursos de un solo ordenador.
- Distribuido: permite utilizar los recursos (memoria, periféricos, procesos, CPU) de más de un ordenador al mismo tiempo.

Existe una gran variedad en el mercado, cuya complejidad varía dependiendo del tipo de funciones que proveen y en qué tipo de equipos se pueden usar. Estos son algunos de los más conocidos y usados en la actualidad:

Windows

Es el sistema operativo más famoso del mercado con más de treinta años de antigüedad. Casi todo el mundo ha trabajado en su ordenador personal con Windows, debido a que muchos de los ordenadores que se comercializan ya llevan instalado el producto de Microsoft. Ha habido numerosas versiones, la más actual es Windows 11.

MS-DOS

Fue creado por la compañía Microsoft y contribuyó enormemente a la popularización de la informática y dio origen a los sistemas Windows. En la actualidad sigue operativo.

macOS

La empresa de informática Apple lanzó su primer sistema operativo al mismo tiempo que Microsoft. Por aquel entonces, el sistema operativo de la serie Macintosh se conocía simplemente como System, y se hizo famoso por su interfaz gráfica. Con el tiempo se empezó a comercializar con el nombre de mac OS X, y después pasó a llamarse macOS, adaptándose a la nomenclatura iOS, su sistema operativo móvil. Se utiliza exclusivamente en el *hardware* de Apple.

Linux

Es la alternativa más conocida a las versiones de Microsoft y Apple. No es propiedad de ninguna compañía, por lo que es gratuito y se puede descargar desde internet. Un gran número de compañías y programadores contribuyen a su desarrollo y van creando sus propias distribuciones Linux.

Su desarrollo es uno de los mejores ejemplos del *software* libre. Todo su código fuente puede ser utilizado, modificado y distribuido libremente por cualquiera bajo los términos de la licencia GPL.

Es un sistema operativo seguro, multiusuario, multitarea, que permite las comunicaciones en red y el acceso a recursos de forma remota y se puede instalar en multitud de dispositivos.

Solaris

Estaba basado en el sistema UNIX. Es un sistema operativo de código abierto, con dos versiones: Solaris y Open Solaris. Solaris en sí mismo es *software* propietario, pero la parte principal se ha liberado como un proyecto de *software* libre denominado OpenSolaris. Entre sus puntos fuertes está la escalabilidad, interoperabilidad y portabilidad.

Android

Es un sistema operativo desarrollado por la compañía Google y está basado en el sistema Linux. Está diseñado principalmente para dispositivos móviles y para pequeños ordenadores personales, como *tablets*. Es un *software* gratuito, por lo que ofrece muchas y variadas opciones de personalización. Casi la totalidad de los *smartphones* que no pertenecen a Apple lo llevan instalado.

Sistemas operativos en web

Son plataformas de *software* que interactúan con el usuario a través de un navegador web y que no dependen de ningún sistema operativo en particular. Son sistemas que se ejecutan y funcionan a través de la filosofía de *cloud computing* o la nube.

A diferencia de los sistemas tradicionales que se ejecutaban en el mismo dispositivo, los sistemas operativos en la nube corren en un servidor remoto, por lo que no disminuye la capacidad de almacenamiento ni de procesamiento del ordenador. El usuario debe conectarse a internet para interactuar con ellos y abrir una interfaz, que puede ser un navegador web o una aplicación específica. Los costes de inversión en *hardware* se reducen y no requiere instalar nuevas actualizaciones. El usuario dispondrá siempre de un sistema actualizado, seguro y con datos, configuraciones y preferencias en internet.

Los más conocidos son EyeOS, iCloud, Cloudo, Chrome OS y Windows Azure.

Las principales funciones que desempeña un sistema operativo son:

- **Interfaz del usuario.** Es la parte del sistema operativo que permite la comunicación entre el usuario y la computadora, de tal manera que se puedan cargar programas, acceder a archivos y realizar otras tareas. Existen tres tipos básicos de interfaces: las que se basan en comandos, las que usan menús y las interfaces gráficas de usuario.

- **Administración de recursos.** Sirve para administrar los recursos del *hardware* y de redes de un sistema informático, como son la memoria, CPU, dispositivos de almacenamiento secundario y periféricos de entrada y de salida.

- **Administración de archivos.** Un sistema de información contiene programas de administración de archivos que controlan la creación, borrado y acceso de archivos de datos y de programas.

- **Administración de tareas.** Los programas de administración de tareas de un sistema operativo administran la realización de las áreas informáticas de los usuarios finales. Los programas controlan qué áreas tienen acceso a la CPU y por cuánto tiempo. Pueden distribuir una parte específica del tiempo de la CPU para una tarea en particular, e interrumpir a la CPU en cualquier momento para sustituirla con una tarea de mayor prioridad.

- **Servicios de soporte y utilidades.** Las aplicaciones se programan para que puedan funcionar sobre un sistema operativo determinado, por lo tanto, la elección del sistema operativo determina las aplicaciones que se van a utilizar.

- **Gestión de permisos y usuarios.** Garantiza que los recursos sean utilizados solamente por programas y usuarios que les corresponda a través de cuentas y contraseñas.

- **Detectar y tratar errores.** Supervisa las acciones que se realizan para que no se pierdan los datos y detecta posibles fallos.

- **Control de concurrencia.** Cuando se abre un archivo, el sistema lo bloquea para que no pueda ser utilizado por otro usuario.

- **Control de seguridad.** Administra los derechos que tienen los usuarios para realizar distintas acciones.

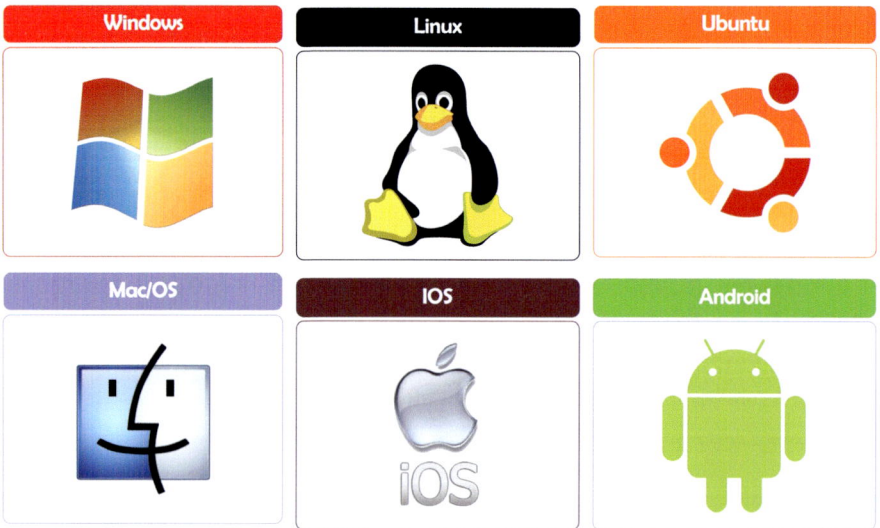

Figura 2.2. Sistemas operativos.

2.2. Instalación y configuración de sistemas operativos y aplicaciones

La instalación de los sistemas operativos se lleva a cabo igual que en una computadora normal. Cuando se realiza la instalación estándar se configuran solo los aspectos de zona horaria, usuario y otros campos estándares solicitados.

La configuración de los sistemas operativos se basa simplemente en la configuración de una IP diferente en cada uno de los sistemas para diferenciar claramente el acceso a cada uno de ellos.

Para realizar la instalación de un sistema operativo, hay que seguir estos pasos:

- Revisar los requerimientos del sistema, determinar qué sistema operativo se va a instalar en el ordenador y ver si será capaz de manejarlo.

- Decidir si se va a comprar una licencia de *software* o si se va a descargar.

- Investigar la compatibilidad del *software*. Hay que asegurarse de que el sistema operativo sea compatible con las aplicaciones que se quieren instalar.

- Obtener el nuevo sistema operativo. Si se compró una copia en la tienda, se debe haber recibido un disco de instalación junto con el código del producto. Si no se tiene el disco, con el código del producto se puede descargar de internet una copia del producto.

- Hacer una copia de seguridad de los datos. Al instalar un nuevo sistema operativo en la computadora, es probable que haya que limpiar el disco duro durante el proceso. A menos que se haga una copia de seguridad, se pueden perder todos los archivos. En el caso de las aplicaciones, habrá que volver a reinstalarlas al finalizar el proceso de instalación, ya que no permite hacer copias de seguridad de estos programas.

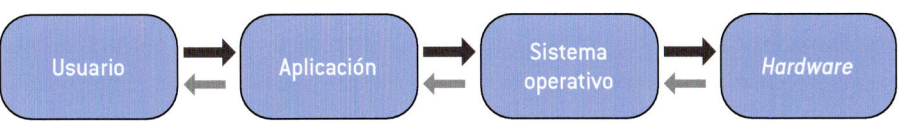

Figura 2.3. Interacción del sistema operativo con el resto de partes.

2.2.1. Controladores, parches y periféricos

Un periférico es un dispositivo del ordenador que permite comunicarse con el entorno para obtener, almacenar o transmitir datos. Puede ser interno (disco duro o CD-ROM), o externo (impresora o escáner). Los ordenadores realizan las siguientes operaciones: entrada, salida, almacenamiento y transmisión.

Figura 2.4. Periféricos.

Los periféricos se pueden clasificar en tres categorías principales según el flujo de datos:

- De entrada: introducen datos en el ordenador que posteriormente serán tratados, como el escáner o el lector de caracteres ópticos o magnéticos.

- De salida: se encargan de transmitir información al usuario o datos a otro ordenador, como la impresora o la pantalla.

- De entrada y salida: se utilizan como medio de comunicación en ambos sentidos, como el módem, disquete, pantalla táctil, tarjeta de sonido, etc. También existen las llamadas unidades de almacenamiento masivo o auxiliar, que al igual que la memoria principal almacenan tanto datos como programas.

Según la distancia al ordenador del que dependen, se pueden clasificar en:

- Locales: son los que están instalados junto al ordenador.

- Remotos: están instalados a una gran distancia del ordenador, por tanto, la comunicación se realiza mediante líneas telefónicas, satélite, etcétera.

Los llamados canales son unos dispositivos electrónicos que permiten la comunicación con el procesador. Pueden ser de entrada, salida o ambos. Estos canales se componen de dos elementos:

- Una memoria o *buffer,* donde se introducen los datos a transmitir tanto desde los periféricos al procesador como a la inversa.

- Una unidad de control encargada de ejecutar todas las instrucciones necesarias para el funcionamiento del canal, cuyo conjunto recibe el nombre de programa de canal. Las instrucciones se envían desde la memoria del ordenador, y su lectura empieza en el momento en que se ejecuta la instrucción de inicio de entrada y salida, la cual proporciona al canal la dirección del dispositivo periférico con el que se realiza la transmisión, además de la dirección de la primera instrucción a ejecutar del programa de canal. A partir de ese momento, el canal se hace cargo de todas las operaciones de entrada y salida, liberando al procesador de tales tareas, y así se pueden realizar otro tipo de instrucciones.

Las unidades de control reciben y descodifican el código de una operación a ejecutar por los periféricos, y también indican los estados en que se encuentran los dispositivos (ocupado, operativo, rebobinando).

Los **parches** son programas encargados de hacer cambios a una operación para corregir errores, alterar su funcionamiento o agregar alguna función.

Deben funcionar de forma conjunta, por lo tanto, se deben aplicar al programa para el cual fueron exclusivamente diseñados.

Estos parches consisten en una actualización del archivo ejecutable de un programa, que se modifica para añadir los cambios o reemplazarlos completamente.

Otros tipos de parches son:

- Parches de depuración

  Tienen como objetivo reparar los errores de programación que no se detectaron a tiempo en su etapa de desarrollo.

- Parches de seguridad

  Los parches de seguridad solucionan problemas de seguridad y no modifican las funciones de los programas. Son especialmente frecuentes en aplicaciones que usan internet.

- Parches de actualización

  Modifican un programa con el objetivo de añadir nuevas metodologías, como por ejemplo, optimizar cierto programa, añadir funcionalidades, eliminar secciones obsoletas de *software,* etcétera.

- Parches al código fuente

  Contienen un archivo de texto que describe las modificaciones a realizar en el código fuente del programa.

ACTIVIDAD

Clasificar los siguientes periféricos según su tipología: de entrada de la información, de salida o de entrada/salida:

Ratón - Teclado - Impresora - Disco duro - Altavoces - Monitor - DVD - Sensor de huella digital - Cámara web - Micrófono - Escáner - *Joystick*

2.3. Gestión del sistema operativo

El sistema operativo es el *software* básico de un ordenador que provee una interfaz entre el resto de programas del ordenador, los dispositivos de *hardware* y el usuario.

En un ordenador coexisten varios programas que se ejecutan al mismo tiempo. Estos programas compiten por los recursos, y es el sistema operativo el que se encarga de administrar su uso. Debe garantizar la protección de unos programas frente a otros y ofrecer información sobre su uso.

Como se expondrá a continuación, se ocupa de gestionar los procesos, memoria, ficheros, usuarios y recursos de los que dispone el sistema.

> **ACTIVIDAD**
>
> Buscar aquellos programas o aplicaciones dentro del sistema operativo Windows con los que se pueden abrir los siguientes archivos según su extensión:
>
> - Archivo .avi
> - Archivo .jpg
> - Archivo .pdf
> - Archivo .xlsx
> - Archivo .bmp
> - Archivo .rar
> - Archivo .mp3

2.3.1. Gestión de procesos, memoria, ficheros, usuarios y recursos

Una de las tareas más importantes de un sistema operativo es administrar los procesos y los sistemas de cómputo. El sistema informático realiza varias actividades al mismo tiempo que compiten por la utilización de varios recursos, entre los que está la CPU. Estas actividades se denominan procesos.

> **DEFINICIÓN** Un **proceso** es una entidad activa que compite por los recursos de una máquina y una unidad de trabajo del sistema. El sistema operativo es el responsable de realizar el seguimiento de todas las actividades del sistema que están en conexión con los procesos generados.

La CPU (unidad de procesamiento central) es la parte central de todo ordenador. Es la encargada de recibir e interpretar datos y ejecutar las secuencias de instrucciones a realizar por cada programa, mediante operaciones aritméticas y matemáticas.

Varios procesos pueden estar ejecutando el mismo programa, y dos usuarios pueden estar usando el mismo editor de texto. El programa es el mismo, pero cada usuario tiene un proceso distinto. A nivel conceptual, cada proceso tiene su propia CPU virtual. En realidad, hay una sola CPU que cambia periódicamente la ejecución de un proceso a otro.

El sistema operativo es responsable de las siguientes actividades en relación a la gestión de procesos:

- La creación y eliminación de procesos tanto del usuario como del sistema operativo.

- La planificación de los procesos.

- Establecer mecanismos para sincronizar, comunicar y manejar bloqueos mutuos.

A medida que se ejecuta un proceso, va cambiando su estado. El estado de un proceso se define por la actividad actual en que se encuentra.

Los estados en los que se puede encontrar son:

- Nuevo: el proceso se está creando.

- Ejecución: se están ejecutando las instrucciones.

- En espera: el proceso está esperando a que ocurra algún evento para poner en funcionamiento sus instrucciones (como la terminación de una operación de entrada o salida).

- Listo: el proceso está en espera de ser asignado a un procesador.

- Terminado: el proceso ha terminado de ejecutarse.

Cada proceso se representa en el sistema operativo mediante un bloque de control de proceso. Los procesos son objetos con operaciones y atributos, y se almacenan dentro de una estructura determinada.

La **memoria** es uno de los principales recursos del equipo informático y se debe administrar con cuidado. Aunque actualmente los sistemas de cómputo cuentan con una alta capacidad de memoria, las aplicaciones actuales también necesitan mucho espacio para ejecutarse, por lo que se genera una escasez de memoria en los sistemas multitarea y/o monousuario. Por lo tanto, cuanto mayor es la cantidad de memoria que posee un ordenador, mayor será el rendimiento y la mejora en el desempeño de sus funciones.

Los ordenadores tienen una jerarquía de memoria que se establece en función de los tiempos de acceso y capacidad disponible que ofrece cada tipo de memoria. Existen dos tipos de memoria diferentes:

> **DEFINICIÓN** La **memoria principal** es donde son ejecutados los programas y procesos de un ordenador. Tiene un coste mayor que la memoria secundaria, pero el tiempo de acceso a la información que contiene es más rápido. Solo la memoria caché es más rápida que la principal, pero su coste es cada vez mayor. En la memoria principal se incluyen **la memoria RAM y la caché.**

> **DEFINICIÓN** La **memoria secundaria** es más lenta, pero tiene mayor capacidad para almacenar información en dispositivos como los discos duros, las cintas magnéticas o los discos ópticos. Los datos y programas se almacenan con frecuencia en la memoria secundaria. De esta manera, cuando se ejecuta varias veces un programa o se utilizan de forma repetida unos datos, no es necesario enviar esos datos de nuevo a través del dispositivo de entrada. Mediante esta memoria el sistema operativo gestiona la asignación de bloques, se asigna el espacio de almacenamiento necesario y se comprueba que los datos se guardan correctamente.

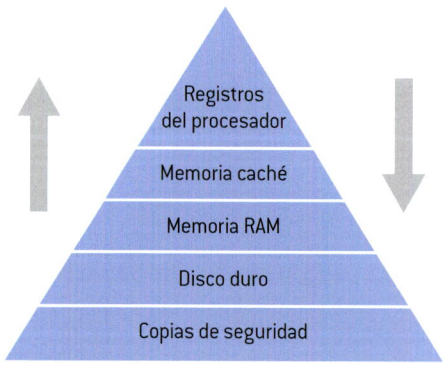

Figura 2.5. Jerarquía de memoria.

ACTIVIDADES

1. ¿Qué es la memoria caché?

2. ¿Qué es la memoria RAM?

> **DEFINICIÓN** Los **ficheros** son contenedores de información que cuentan con sus propios atributos: la fecha de creación, el propietario o la última actualización. Es la parte responsable de la administración de los archivos del almacenamiento secundario.

Deben tener las siguientes características:

- Deben permitir el acceso directo a la información contenida en los archivos, gestionando los bloques de memoria que contienen.

- Son capaces de gestionar archivos de gran tamaño.

- La información contenida en los ficheros será permanente y se corresponde con la última escritura realizada. El sistema de archivos ejercerá el control para acceder a ellos y protegerlos de accesos no autorizados.

- Los usuarios pueden crear, modificar y borrar los archivos.

Los archivos se agrupan en directorios o carpetas con una estructura jerárquica para constituir un sistema de ficheros. Entre sus funciones básicas están: crear, borrar, abrir, cerrar y consultar archivos, y se identifican mediante un nombre representado por una cadena de caracteres, que pueden tener una extensión o no.

La extensión de un archivo es un grupo de letras o caracteres que acompañan al nombre del archivo y sirve para identificar el tipo de formato y con qué programa debe abrirse. Algunas de las extensiones más conocidas son: .exe, .avi, .jpg, .gif, .pdf, .wav, .txt, .doc, .xls, .divx, .mp4, .mpg, .mkv, etcétera.

Figura 2.6. Tipos de archivos.

Gestión de usuarios. Son muchos los usuarios que pueden acceder a la red informática, y su nivel de conocimiento de las herramientas y servicios puede ser muy variado. Por lo tanto, es necesario establecer unas directrices que permitan un uso adecuado del sistema operativo.

El sistema operativo es el encargado de gestionar los permisos de acceso de los distintos usuarios que van a trabajar con él. Los tipos de perfiles más habituales son los siguientes:

- Administrador de sistema: es la persona que cuenta con el mayor nivel de privilegios para actuar en el sistema operativo. Puede realizar todo tipo de cambios en el sistema, desde cambiar la configuración de seguridad, instalar *software* y *hardware,* y obtener acceso a todos los archivos. También puede realizar cambios en otras cuentas de usuario.

- Usuario estándar: puede realizar determinados cambios en el sistema que solo afectan al usuario, pero requiere permiso del administrador para realizar cambios que afecten a los demás usuarios o a la seguridad del equipo, como cambios en el registro o instalar programas.

- Usuario invitado: tiene un acceso limitado a los recursos de un equipo. Puede usar ciertos programas instalados por otras personas, pero no puede acceder a los archivos personales, cambiar la configuración, ni crear contraseñas.

El concepto de perfil de usuario se emplea para describir un entorno personalizado para un individuo que se desarrolla de acuerdo con sus preferencias de configuración.

De esta manera, cuando la persona inicia sesión con su perfil de usuario, se cargan todos los valores establecidos anteriormente. La información puede incluir desde cuestiones visuales o estéticas hasta detalles de las conexiones de red, los programas que se van a usar, los accesos directos, etcétera.

El uso de perfiles en los sistemas operativos ofrece ciertas ventajas. Al manejar diferentes perfiles de usuarios, distintas personas pueden hacer uso de un mismo equipo, manteniendo cada uno su propia configuración. Los cambios realizados por un usuario no afectan a las preferencias fijadas por el resto, de modo que cuando cada usuario inicia sesión, se encuentra con las mismas condiciones que cuando cerró su última sesión.

En el sistema operativo Windows, las preferencias de cada uno de los usuarios se van almacenando en carpetas. También es posible limitar el acceso a ciertos programas o archivos a usuarios particulares, o bien a un grupo, protegiendo su integridad.

Otra ventaja de la creación de perfiles de usuario es la protección a menores frente al contenido creado para personas adultas.

Una de las facilidades que ofrece el sistema operativo Windows es que permite a los usuarios acceder a ciertas opciones de personalización que pueden mejorar su experiencia.

ACTIVIDAD RESUELTA

Cambiar un nombre de usuario de Windows 10 desde el menú de configuración.

Un método sencillo para cambiar el nombre de usuario de la cuenta de Windows es a través del menú de configuración:

1. Abrir el *menú de configuración* en Windows 10.

2. Dirigirse a la sección *Cuentas* y hacer clic sobre *Tu información*.

3. Seleccionar *Administrar mi cuenta de Microsoft*. Ahora se abrirá la configuración de las cuentas de Microsoft en el navegador que se usa como predeterminado.

4. Una vez esté abierto el sitio de cuentas de Microsoft, hay que iniciar sesión y hacer clic sobre *Tu información*.

5. Después, hay que hacer clic sobre la opción *Editar nombre*.

6. Aparece un panel y se introduce el nuevo nombre y apellido, se completa la verificación de seguridad y se hace clic sobre el botón *Guardar*.

El nombre de usuario ahora ha cambiado y estará visible la próxima vez que se inicie sesión en el equipo con Windows 10.

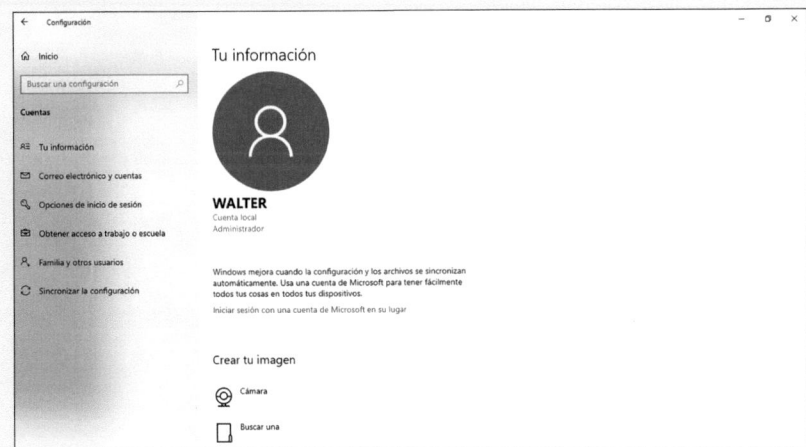

Figura 2.7. Cambiar el nombre de usuario.

Gestión de recursos

El sistema operativo es un programa que actúa como intermediario entre el usuario y todos los recursos que componen el equipo informático. Estos recursos no tienen ninguna utilidad si no existe dicho sistema operativo. El propósito principal es fabricar un entorno en el cual los programas se puedan utilizar de la manera más eficiente por los procesos de ejecución.

La planificación de los recursos y su asignación tiene que hacerse de una manera eficiente y justa, donde todos los procesos que compiten por la utilización de un determinado recurso deben disponer de él de una forma equitativa.

2.4. Gestión del sistema de archivos

La información en un disco debe estar ordenada, y ese orden no es el mismo en todos los sistemas operativos. El sistema de archivos es un componente del sistema operativo que proporciona la organización de la creación, el almacenamiento y el acceso a conjuntos de datos con nombre, que se llaman archivos.

Toda la información almacenada debe estar organizada para que se pueda localizar de forma rápida. Los ficheros o archivos son la unidad mínima de información a la que accede el usuario.

Una de las principales tareas de un sistema operativo es ofrecer comodidad al usuario cuando trabaja con datos almacenados en discos. Se encarga de reemplazar la estructura física de estos datos almacenados por un modelo lógico que sea fácil de usar, que se representa en forma de **árbol de directorios**.

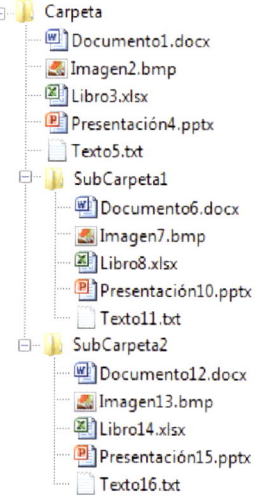

Figura 2.8. Estructura de carpetas en forma de árbol.

Es habitual hablar de una estructura de directorios o árbol de carpetas para definir el ordenamiento de las carpetas bajo un determinado sistema. Una carpeta es una división lógica en un medio de almacenamiento.

Hasta hace no mucho tiempo se usaba el término *directorio* para referirse a estas divisiones,

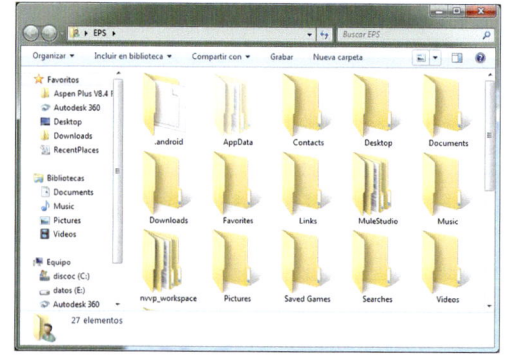

Figura 2.9. Carpetas o directorios.

pero, con la aparición de los sistemas operativos con interfaz gráfica, el término se modificó.

Estas carpetas no ocupan espacio por sí mismas, sino los archivos que contienen. Pueden contener archivos, más carpetas o estar vacías.

Ejemplo

Se toma como ejemplo el sistema operativo Windows para crear una carpeta con el nombre *Trabajos.* Hay que situar el puntero del ratón en una zona donde no haya otros elementos y hacer clic con el botón derecho del ratón, entonces se abrirá un menú contextual.

Ahora hay que pinchar con el ratón en *Nuevo* y se abre un submenú. Se pincha en el elemento carpeta. Ahora es cuando aparece un icono con forma de carpeta y con espacio para escribir un nombre *(Trabajos)*. Una vez escrito el nombre, se pulsa la tecla *Enter,* y se finaliza el proceso.

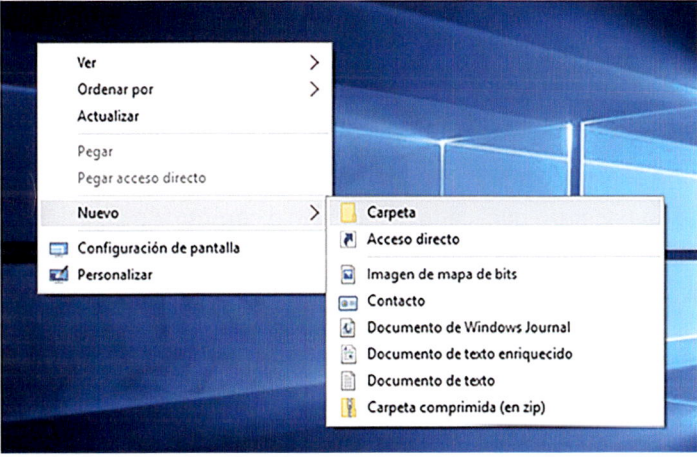

Figura 2.10. Crear una carpeta.

ACTIVIDAD RESUELTA

Crear la siguiente estructura de carpetas:

1. En la unidad de disco se crea una carpeta con el nombre *Carpetas.*

2. Una vez dentro de la carpeta, se crean tres carpetas con los siguientes nombres:

   - La primera se nombrará como *Subcarpeta1.*

   - La segunda se nombrará como *Subcarpeta2.*

   - La tercera se nombrará como *Subcarpeta3.*

3. Dentro de la carpeta *Subcarpeta1,* se va a crear otra con el nombre *Archivo1.*
4. Dentro de la carpeta *Subcarpeta2,* se crean dos carpetas, una con el nombre de *Archivo2a* y otra con el nombre de *Archivo2b.*
5. Dentro de la carpeta *Subcarpeta3,* se crea otra con el nombre *Archivo3;* y a su vez, dentro de la carpeta *Archivo3,* se crea otra con el nombre *Último Archivo3.*

Entre las operaciones básicas que se pueden realizar con archivos y carpetas están: copiar, mover, eliminar y cambiar nombre.

ACTIVIDAD RESUELTA

Cambiar nombre a una carpeta

Para asignar o cambiar un nombre a un archivo o carpeta, hay que hacer clic con el botón derecho del ratón sobre ese elemento y elegir la opción *Cambiar nombre.* En el caso de que se quisiera cambiar de nombre a un archivo, si ya existe un acceso directo a esa carpeta, no sería necesario modificar el acceso directo, ya que el sistema Windows hace los cambios de forma automática.

Copiar una carpeta o archivos

Consiste en hacer un duplicado del archivo o carpeta. Se posiciona el puntero del ratón sobre el archivo o carpeta que se desea copiar. Ahora hay que hacer clic con el botón derecho del ratón y elegir la opción *Copiar.* Después, se busca la carpeta donde se van a copiar, se selecciona y se pincha con el botón derecho del ratón en la opción *Pegar.* Si no está creada la carpeta de destino, se puede crear en ese momento.

Mover carpetas o archivos

Primero hay que colocar el cursor del ratón sobre el elemento que se va a mover. Entonces, se pincha el botón derecho y se elige la opción *Cortar.* Ahora hay que buscar la carpeta donde se va a mover, seleccionarla y elegir la opción *Pegar.*

Si se ha cometido algún error en el procedimiento, se puede anular simplemente con seleccionar la opción *Deshacer.* Cuando el nombre de alguna carpeta o archivo coincide con el de otro que está en ese destino, entonces Windows avisará de los elementos que coinciden.

Eliminar archivos y carpetas

El proceso para eliminar carpetas es el mismo que cuando se borra cualquier archivo, con la diferencia de que, si se borra una carpeta, se borran todos los archivos que contiene. El procedimiento es el siguiente: se selecciona el archivo o carpeta que se desea borrar y se hace clic con el botón derecho del ratón. Al desplegarse un menú contextual, se selecciona la opción *Eliminar*. Ahora aparecerá un cuadro de diálogo y se confirma la eliminación.

2.4.1. Elementos, funciones y búsquedas

Como ya se ha señalado antes, los **elementos** del sistema de archivos son los directorios o carpetas. La forma de procesar y tratar los directorios es muy parecida en todos los sistemas operativos. Los directorios deben tener un nombre único, de modo que no puede haber dos carpetas con el mismo nombre en la misma ubicación.

Tanto las carpetas como los archivos tienen sus propias características: el tamaño, la ubicación, la fecha de creación, sus atributos, los permisos, etcétera.

Para conocer las características de una carpeta o archivo, se coloca el cursor del ratón y se hace clic con el botón derecho. A continuación, se selecciona la opción *Propiedades* del menú que se ha desplegado.

Aparecerá una ventana con varias pestañas. Según se trate de una carpeta o un tipo de archivo concreto, aparecerán unas determinadas solapas.

Las **funciones** principales de un sistema de archivos son las siguientes:

- Crear y borrar archivos.
- Permitir el acceso a los archivos para que sean leídos o escritos.
- Automatizar la gestión de la memoria secundaria.
- Permitir referenciar un archivo por su nombre simbólico.
- Proteger los archivos frente a fallos del sistema.
- Permitir el uso compartido de archivos a usuarios autorizados.

Los sistemas operativos suelen ofrecer un asistente para poder realizar **búsquedas** de todo tipo de archivos en los dispositivos de almacenamiento de un ordenador.

Para poder realizar búsquedas con éxito, es necesario que los archivos estén bien estructurados en carpetas y subcarpetas, y que estén nombrados de forma correcta. Es recomendable acotar las búsquedas a carpetas determinadas para que el proceso de búsqueda sea más eficaz.

El sistema operativo Windows permite hacer búsquedas avanzadas usando los comodines: el asterisco y el signo de interrogación. Son caracteres especiales que pueden sustituir letras o símbolos para completar palabras o términos en las búsquedas. El signo de interrogación se utiliza para sustituir una letra o símbolo que no conoce, y el asterisco se usa para sustituir muchas letras y símbolos.

Ejemplo

Al escribir D* en el buscador de Windows, se mostrarán todos los ficheros cuyo nombre empieza por D.

Si se realiza la siguiente búsqueda *.doc, se mostrarán todos los ficheros de Word., independientemente de cómo se nombren.

Si se escribe la siguiente búsqueda *.??g, se mostrarán todos los ficheros .jpg y .png que se encuentren almacenados.

ACTIVIDAD

Definir las búsquedas en el sistema operativo Windows utilizando los caracteres comodines:

- Archivos que empiezan por L y terminan por A.
- Archivos que empiezan por C y tienen extensión .bmp
- Archivos que terminan por S y tienen extensión .doc
- Archivos que terminan por O y tienen 5 letras.
- Archivos que terminan por A, su nombre tiene 4 letras y tienen de extensión .avi
- Archivos cuya extensión es .mp3 y se desconoce el nombre.

2.5. Exploración y navegación

El término *explorador* o *navegador* tiene varias acepciones:

El **explorador del sistema** operativo es una herramienta que permite organizar los archivos y carpetas que están almacenados en el disco duro y las unidades externas.

El **navegador o explorador web** es un programa que permite acceder y circular por internet, ya sea usando una computadora o un dispositivo móvil.

Hoy en día existe una gran variedad de navegadores. La utilización de uno u otro depende de cada usuario y de la comodidad que tenga con cada uno de ellos, porque las diferencias entre los más populares son bastante reducidas.

Los navegadores más populares y usados de internet son Google Chrome, Microsoft Edge, Safari, Opera, Internet Explorer y Firefox.

Figura 2.11. Navegadores.

Este apartado se centrará en el primer significado.

ACTIVIDAD

¿Qué es un navegador?

El explorador de archivos de Windows es una herramienta que permite visualizar y administrar los archivos y carpetas que forman parte del sistema operativo. A través de esta herramienta los usuarios pueden navegar, ver el contenido de las carpetas, crear nuevas carpetas y archivos, copiar, mover, eliminar, etcétera.

El explorador es una herramienta muy útil para organizar y gestionar la información almacenada en el ordenador.

ACTIVIDADES RESUELTAS

Ordenar y agrupar ficheros

Para ordenar y agrupar archivos desde el *Explorador de archivos* de Windows, hay que seguir estos pasos:

1. Navegar hasta la ubicación donde se encuentran los archivos que se desea ordenar y agrupar.

2. Hacer clic en el botón *Ordenar* en la lista de opciones que se encuentra en la parte superior de la ventana del *Explorador de archivos.*

3. Seleccionar una opción para ordenar los archivos, como puede ser *Nombre, Fecha modificación* o *Tipo.*

4. En el grupo *Agrupar por* hay que seleccionar una opción para agrupar los archivos, como *Tipo, Tamaño* o *Fecha modificación.*

5. Los archivos se ordenan y agrupan según las opciones que se hayan seleccionado.

Para cambiar el tamaño de los iconos hay que hacer clic en el botón *Vista* que aparece en el menú, y a continuación se pueden seleccionar las siguientes opciones: *Iconos muy grandes, Iconos grandes, Iconos medianos, Iconos pequeños, Lista* o *Detalles*. También se pueden personalizar las opciones de ordenación y agrupamiento haciendo clic con el botón derecho del ratón en un área vacía dentro de la ventana del *Explorador de archivos,* seleccionando *Ordenar por* o *Agrupar por*.

Buscar archivos en el *Explorador de archivos* de Windows

Para buscar archivos desde el *Explorador de archivos* de Windows, hay que seguir estos pasos:

1. Abrir el *Explorador de archivos* y navegar hasta la ubicación donde se desea buscar archivos.

2. En la parte superior derecha de la ventana del *Explorador de archivos* aparece un cuadro de búsqueda con el texto *Busca*.

3. Escribir el nombre o parte del nombre del archivo que se quiere buscar en la barra de búsqueda y pulsar la tecla *Enter*.

4. Los resultados de la búsqueda aparecerán en la ventana del *Explorador de archivos*.

5. Para afinar un poco en los resultados, se pueden utilizar algunas opciones avanzadas de búsqueda, haciendo clic en *Opciones de búsqueda,* que está situado en la barra de herramientas. Algunas de estas opciones son: buscar solo en una ubicación específica, por fecha o tipo de archivo, o utilizando palabras clave, como ya se ha visto en el apartado anterior.

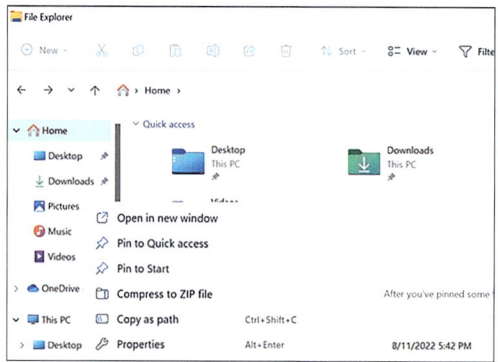

Figura 2.12. Explorador de Windows.

Tanto el explorador como el navegador disponen de diferentes barras y paneles que se exponen a continuación.

2.5.1. Barra de menú

Generalmente está situada en la parte superior, justo encima de la barra principal. Contiene los menús Archivo, Edición, Ver, Favoritos y Ayuda. Cada uno de ellos muestra una serie de opciones que se abren haciendo clic sobre ellas. Una vez desplegado el menú, se pueden ejecutar las órdenes haciendo clic sobre cada una de ellas.

2.5.2. Barra principal

Está situada debajo de la barra de menú y cuenta con las opciones más utilizadas, como son los botones de atrás y adelante que permiten al usuario navegar entre las carpetas que ha visitado.

2.5.3. Barra de dirección

Es una barra donde aparece la dirección de la página web que se está visualizando en internet. En el explorador muestra la ruta específica de los archivos donde se encuentra el usuario. Se sitúa debajo de la barra principal.

2.5.4. Barra lateral

Es un elemento que habitualmente está situado en la parte izquierda del explorador. Este espacio muestra los dispositivos, particiones, marcadores y las carpetas personales.

2.5.5. Panel de visualización

Este panel muestra información sobre los archivos y carpetas que se encuentran en la ubicación seleccionada, y el modo de visualización que se haya elegido.

Los iconos se pueden encontrar de diferentes formas: grandes, pequeños, lista, detalles, así como también se encuentra la fecha de localización y el tipo de fecha de cada objeto.

2.5.6. Barra de estado

La barra de estado se encuentra en la parte inferior de la ventana y muestra información sobre los elementos que se hayan seleccionado.

2.6. Grabación, modificación e intercambio de información

El tratamiento que se le puede dar a la información contenida en los soportes informáticos es muy variado y depende de las necesidades de cada momento.

La información se puede grabar, modificar e intercambiar entre distintos programas y aplicaciones de diferentes modos.

A continuación, se comentan algunos de los procedimientos y los tipos de documentos para conseguir una gestión eficiente de la información.

2.6.1. Documentos estáticos y dinámicos

Los **documentos estáticos** se diseñan para tener una presentación física estática. Estos documentos son útiles cuando la fidelidad del contenido es lo principal. Son diseñados para aplicaciones donde lo que interesa es ver lo que se imprime.

Otra característica que tienen es que mantienen fija la posición de los elementos del contenido con independencia del dispositivo de pantalla utilizado. El diseño de las páginas permanece inalterado en todos los casos, aunque la calidad del documento aumenta cuando se maximiza de acuerdo con las características de cada dispositivo.

Algunos ejemplos pueden ser los documentos .pdf, las imágenes y archivos de solo lectura.

En cambio, los **documentos dinámicos** se diseñan para optimizar la presentación. No tienen un modelo predefinido, su contenido se ajusta y se recoloca de forma dinámica según unas variables como el tamaño de la ventana, la resolución del equipo y las preferencias del usuario.

Ofrecen características de documentos avanzadas como son la paginación y las columnas. Es aconsejable el uso de este tipo de documentos cuando la facilidad de la lectura sea uno de los objetivos marcados para el diseño final.

Un ejemplo de documento dinámico puede ser una página web, donde el formato del contenido de la página se ajusta a la ventana.

Mejoran la lectura y la visualización para el usuario, y cambian su formato de forma dinámica para ser legibles con resoluciones distintas.

Además, tienen una serie de funciones integradas como la búsqueda, diferentes modos de presentación y capacidad de cambiar el tamaño y la apariencia de las fuentes.

2.6.2. Vinculación e incrustación de información

La incrustación y la vinculación de objetos es una forma de utilizar información de una aplicación en una distinta. Tanto la vinculación como la incrustación insertan en un documento información procedente de otro. Sin embargo, la información se almacena de forma diferente.

La **vinculación** de información permite a los usuarios compartir un único origen de información sobre un objeto determinado. Este documento contiene el nombre del archivo junto con la imagen de los datos. De esta forma, al actualizar el origen, se actualizan todos los documentos con sus datos.

Ejemplo

Al vincular un documento de texto a una hoja de cálculo, los datos de este documento se pueden actualizar cada vez que se actualice el archivo de origen.

La **incrustación** de la información es un procedimiento en el que una aplicación proporciona los datos que se incluirán en el documento de otra. Esta aplicación de destino contiene los datos de esta imagen gráfica, pero no permite su modificación, simplemente los reproduce.

Para modificarlos, es necesario abrir la aplicación de origen que los creó.

La incrustación de datos no permite que los usuarios tengan un único origen de datos, pero facilita integrar las aplicaciones.

Ejemplo

Al incrustar una hoja de cálculo en un documento de texto, este contiene una copia estática de los datos. La información del archivo no cambia si se modifica la hoja de cálculo, ya que no existe ningún vínculo entre el archivo original y el archivo de destino.

2.7. Herramientas

En los sistemas informáticos es habitual el uso de herramientas en el trabajo diario. Son utilizadas para manejar y visualizar la información de una manera más efectiva y cómoda para el usuario.

Conforme avanza el desarrollo tecnológico, se crean nuevas herramientas en función de las necesidades de los usuarios de realizar tareas concretas, permitiendo el desarrollo continuo de las aplicaciones y las tecnologías.

Entre estas herramientas se encuentran las que se indican a continuación.

2.7.1. Compresión y descompresión

Los archivos almacenados en el disco duro de un ordenador ocupan un espacio determinado sobre la superficie del disco. Si se siguen añadiendo más datos, llegará un momento en el que ya no quedará espacio.

Antes de inventar la compresión de archivos, solo había dos opciones: borrar los archivos o añadir más espacio comprando un nuevo disco duro.

> **DEFINICIÓN** La **compresión** es un procedimiento que se realiza para reducir el peso o tamaño de los archivos, de manera que así ocupan menos espacio. La acción contraria es la descompresión.

La compresión permite almacenar y transportar los archivos con más facilidad, y pueden ser enviados por correo electrónico u otras plataformas en internet. Aplica métodos matemáticos a los datos para conseguir que ocupen menos espacio.

Existen dos tipos de compresión: sin pérdida y con pérdida de datos. Ambos tipos de compresión tienen sus ventajas e inconvenientes.

La compresión sin pérdida consiste en analizar el archivo en busca de repeticiones y patrones que se puedan resumir. Es fiable y segura, la integridad de los datos se mantiene.

La compresión con pérdida disminuye el espacio ocupado por un archivo eliminando información que resulta irrelevante para el usuario. Tiene la ventaja de que consigue reducir el tamaño de los archivos de forma notable sin que el contenido pierda sentido.

Existe un gran número de herramientas de *software,* con interfaces sencillas y funciones específicas, hasta otras más complejas que pueden llegar a modificar las características de los archivos. Estos son los programas más utilizados:

WinZip

WinZip es un compresor de archivos comercial que funciona en Microsoft Windows. Permite comprimir casi todo tipo de archivos, además de encriptarlos y otras cuestiones relacionadas con el manejo de los archivos digitales. Es un producto comercial con una versión de evaluación gratuita.

WinRar

Es considerada una de las mejores herramientas para la gestión de archivos compactados, gracias a su interfaz, simplicidad y capacidad. Cada vez que sale una nueva versión se incorporan innovaciones y funciones que circulan en otros programas, por lo que se recopilan en él las herramientas más utilizadas de estas aplicaciones. Permite crear ficheros multivolúmenes y archivos auto-ejecutables.

Posee su propio formato de compresión (RAR), pero es compatible con todo tipo de formatos. Su método de compresión es más potente y permite la creación de archivos autoextraíbles.

Ejemplo

Para descomprimir un archivo comprimido con WinZip o WinRar:

Hay que hacer clic sobre el archivo con el botón derecho del ratón y seleccionar la opción de *Extraer en* + Nombre de la ruta de la carpeta. En unos pocos segundos los archivos descomprimidos estarán alojados en la carpeta elegida.

Para comprimir un archivo con WinZip o WinRar:

Hay que localizar el archivo que se quiere comprimir y y hacer clic con el botón derecho del ratón. Entonces aparecerá la opción *Agregar a* + Nombre del archivo.zip o .rar.

Con el ratón se hace clic sobre *Agregar a* + Nombre del archivo.zip o .rar. y se vuelve a hacer clic sobre *Aceptar,* para aceptar la información sobre la licencia.

El archivo comprimido se localiza en la misma carpeta en la que se encuentra el archivo original. El nuevo archivo tendrá el mismo nombre que el original más la extensión .zip o .rar.

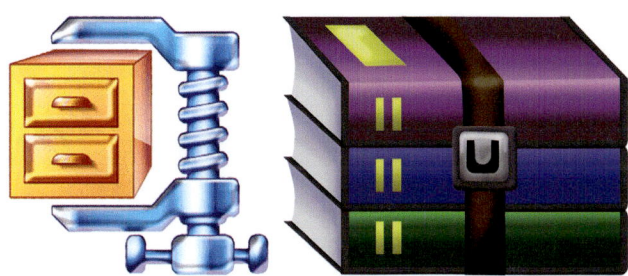

Figura 2.13. WinZip y WinRar.

2.7.2. Multimedia

> **DEFINICIÓN** El término **multimedia** hace referencia a cualquier combinación de texto, arte gráfico, sonido, animación y vídeo que llega al usuario a través del ordenador o diversos medios.

Las herramientas multimedia están diseñadas para administrar los elementos de forma individual. Permiten interactuar con los usuarios y ofrecer facilidades para crear y editar texto e imágenes, además de tener extensiones para controlar los reproductores de vídeo y otros periféricos relacionados.

Tienen la capacidad de captar de forma más eficaz la información que se recibe y estimulan en gran medida los sentidos, haciendo que el usuario esté más alerta y receptivo a estos estímulos. Permiten interactuar con los sonidos, imágenes, colores y acción.

Estas herramientas se dividen en dos grupos:

- Herramientas multimedia de *hardware:* teclado, cámaras digitales, vídeo, etcétera.

- Herramientas multimedia de *software:* PowerPoint, grabadora de sonido, internet, blog, etcétera.

Este tipo de presentaciones se relaciona generalmente con el ámbito educativo. Existen otras formas de expresar o comunicar una idea o contar una historia.

Figura 2.14. Multimedia.

Ejemplo

Algunos de los ejemplos de presentaciones multimedia son: *shows* en vivo, simulaciones y realidad virtual, presentaciones educativas e informativas, una presentación de negocios, etcétera.

Las páginas web también pueden presentar desarrollos multimedia, con animaciones en HTML, vídeos insertados desde YouTube, música de fondo y material para leer. En estos casos, se puede hablar de multimedia interactiva, ya que es el usuario quien decide cómo será la presentación de la información y en qué momento se inicia.

ACTIVIDAD RESUELTA

Un ejemplo de desarrollo multimedia es insertar un vídeo o una lista de reproducción en una página web. Estos son los pasos que se deben seguir:

1. Una vez elegido el vídeo o la lista de reproducción, hay que hacer clic en *Compartir.*

2. En la lista de opciones que se muestra a continuación, hay que elegir la opción *Insertar.*

3. Copiar el código HTML del cuadro que aparece.

4. Pegar en el código HTML del sitio web.

5. En caso de ser administrador de red, habría que añadir youtube.com a la lista de permitidos del cortafuegos.

Los vídeos con restricción de edad no se pueden ver en la mayoría de los sitios web de terceros, así que cuando se reproduzcan estos vídeos se redirigirá al usuario a YouTube.

2.8. Procedimientos para usar y compartir recursos

En una empresa se pueden utilizar los archivos de forma independiente, cada usuario en su ordenador, o compartirlos con el resto de usuarios. Esto se consigue a través de un sistema que conecta los equipos con la finalidad de compartir recursos e información, es lo que se denomina red local.

DEFINICIÓN Una **red** es un conjunto de computadoras interconectadas entre sí para compartir información y recursos.

Esto permite una mejor distribución de la información, que se encuentra en un lugar determinado, y a la que acceder todo aquel que la precise, mejorando los procesos de obtención de la información por parte de otros usuarios de la red, de los grupos de trabajo y de internet.

Entre los procedimientos que se pueden llevar a cabo para compartir recursos están la instalación de una red de ordenador, la configuración de grupos de trabajo y el uso de los protocolos de comunicación.

Ejemplo

Google Drive es un conjunto de herramientas para facilitar la vida a los usuarios conectados en internet, y entre ellas está permitir compartir archivos con otros usuarios en tiempo real, así como el intercambio de mensajes y comentarios de forma sencilla e intuitiva.

Figura 2.15. Google Drive.

Los documentos se guardan y se almacenan en un servidor de forma sincronizada, al que pueden tener acceso otros usuarios cuando lo deseen y donde deseen. Es una herramienta muy útil, ya que permite que varios usuarios puedan acceder al mismo documento desde dispositivos distintos e, incluso, se pueden realizar aportaciones y modificaciones.

2.8.1. Configuración de grupos de trabajo

> **DEFINICIÓN** Un **grupo de trabajo** es un conjunto de equipos que forman parte de una red para compartir archivos y usar recursos compartidos.

En principio, todas las carpetas pueden ser compartidas en el grupo de trabajo, excepto aquellas a las que se haya limitado específicamente el acceso mediante restricciones en los permisos de solo lectura, lectura y escritura o control total.

Todos los usuarios deben formar parte de la misma red local si quieren ver las carpetas compartidas y acceder a sus archivos.

Cada usuario debe disponer de su propia cuenta para acceder a la red.

Para configurar un grupo de trabajo hay que seguir los siguientes pasos:

- Hay que comprobar que todos los ordenadores pertenezcan a la misma red y poseer una dirección IP única para identificarse.

- Es necesario asignar a cada ordenador el nombre del grupo al que pertenece y un nombre específico para poder identificarlo de los demás dentro de la red.

- Asignar y configurar los recursos y archivos que se comparten en cada equipo.

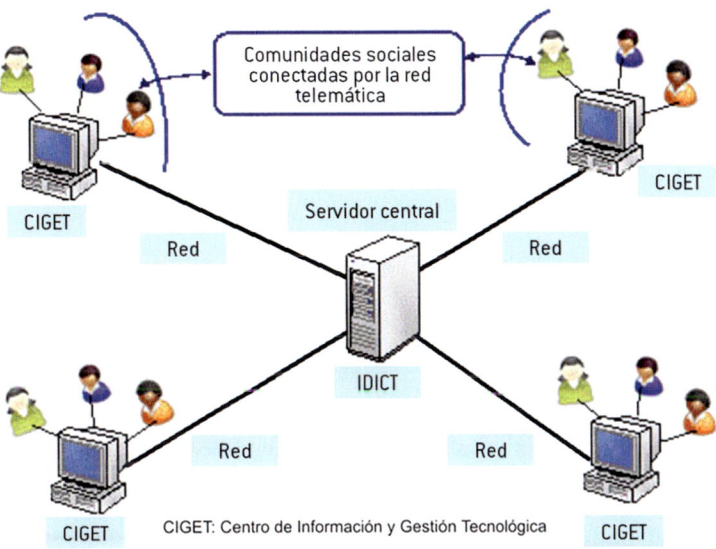

Figura 2.16. Configuración de grupos de trabajo.

2.8.2. Protocolos de comunicación

Es necesario establecer un protocolo de comunicación entre los equipos para que los datos circulen por la red. Teniendo en cuenta que cada fabricante utiliza su propio protocolo, se hace necesario usar estándares para asegurar la comunicación entre equipos de cualquier fabricante.

Cuando la circulación de la información se desarrolla dentro de internet, existe una serie de protocolos específicos que posibilitan este intercambio de información.

Los protocolos de información más importantes que existen en la red son el **TCP** (protocolo de control de transmisión) y el **IP** (protocolo de internet). Su acción conjunta hace posible el enlace entre todos los equipos que acceden a la red.

El modelo **TCP/IP** permite un intercambio de datos fiable dentro de una red, definiendo los pasos a seguir desde que se envían los datos (en paquetes) hasta que son recibidos. Para ello, se utiliza un sistema de capas con jerarquías (una capa se construye a continuación de la anterior) que se comunican únicamente con su capa superior (a la que envía los resultados) y su capa inferior (a la que solicita los servicios).

POP, SMTP y HTTP son otros protocolos vinculados a internet, que los usuarios suelen utilizar a diario aunque no sepan cómo funcionan. Estos protocolos permiten navegar a través de los sitios web, enviar correos electrónicos, escuchar música *online,* etcétera.

¿Qué se entiende por protocolo de comunicación?

2.8.3. Servicios básicos de red

La red ofrece grandes beneficios a los usuarios. Algunos de estos servicios básicos son:

- Servicio de archivos: permite leer, escribir, modificar archivos que estén en otra computadora de la red.

- Servicio de base de datos: acceso, consulta y modificación de alguna base de datos dentro de la red de computadoras.

- Servicio de impresión: permite imprimir archivos en una impresora que esté compartida por otras impresoras de la red.

- Servicio de fax: se pueden enviar y recibir faxes de forma interna o hacia el exterior.

- Servicio de *backup:* permite realizar copias de seguridad de la información que el usuario considere importante.

- Servicio de *website:* mediante una aplicación llamada «navegador», el usuario puede ejecutar páginas web que se encuentran en otro equipo.

- Servicio de *mail:* los usuarios pueden enviar a otros equipos mensajes de texto, sonido, vídeo, imágenes, etc. También pueden recibir estos archivos de otros equipos de la red.

- Servicio de chat: permite recibir y enviar mensajes de texto o voz hacia otros usuarios de la red en tiempo real.

- Servicio de vídeo: permite participar en videoconferencias con otros usuarios dentro de la red en tiempo real.

2.9. Optimización de los sistemas

Con el paso del tiempo los sistemas operativos se van volviendo más lentos y el proceso de carga de programas y aplicaciones se demora demasiado. El motivo principal de esa lentitud es la gran cantidad de aplicaciones instaladas y otros elementos que dificultan la carga del sistema operativo.

Estos son algunos consejos para conseguir una mejor eficiencia de carga y ejecución del sistema operativo.

- Limpieza del escritorio. No es muy recomendable tener el escritorio lleno de archivos y accesos directos, ya que aumenta el tiempo de carga.

- Verificar la instalación adecuada de los archivos del sistema.

- Hacer uso de antivirus. Debe estar siempre actualizado y realizar análisis periódicamente.

- Usar solo las aplicaciones necesarias. Muchas veces se descargan más aplicaciones de lo necesario, olvidándose de la desinstalación. Esto es perjudicial porque ocupan más espacio.

- Retirar los adornos innecesarios del sistema operativo. Cuando se crean y se borran archivos se reubican determinados datos de manera desordenada en los sectores del disco, y esto significa demasiado tiempo de carga.

Otro remedio para conseguir una mejora es el uso de *software* de optimización del sistema operativo. Son programas que sirven para mejorar la forma en la que el *hardware* se relaciona con el *software,* es decir, ayudan a mejorar el rendimiento sin aumentar los recursos del equipo.

Estos programas realizan acciones que se pueden llevar a cabo desde el propio sistema operativo, pero de una forma más eficaz, ya sea desinstalar un programa o buscar una ecuación entre rendimiento y recursos gráficos del sistema.

Llevar a cabo un mantenimiento periódico servirá para mantener el sistema en un buen estado de forma, limpiando registros y solucionando problemas.

Figura 2.17. Optimizacion sistema operativo.

2.9.1. Entorno gráfico y accesibilidad

Todos los recursos visuales que representan la información y los procesos que se pueden ejecutar dentro de un programa o sistema operativo se consideran el entorno gráfico.

Para muchos usuarios, el entorno gráfico supone la única forma de interactuar con sus equipos informáticos. El ordenador no solo utiliza carpetas y subcarpetas para operar. Además de texto, se utilizan multitud de elementos gráficos.

El entorno de **escritorio** es el conjunto de iconos, barras de herramientas, fondo de pantalla y habilidades específicas que llamamos «escritorio» en el sistema operativo. La información se manipula directamente sobre los iconos gráficos con el uso del puntero del ratón.

Ejemplo

Los más conocidos son los escritorios de Windows (Microsoft) y Mac OSX (Apple). En los entornos de *software* libre, los más utilizados son GTK+ (Gnome) y Qt (KDE).

Como ejemplo, Windows es un sistema operativo de ambiente gráfico que se presenta en forma de un escritorio virtual. La interfaz está compuesta por varios elementos como: ventanas, un escritorio, botones, iconos, barras de menús y un puntero.

Figura 2.18. Escritorio de Windows.

Actualmente, el conjunto de usuarios es muy diverso y todas las interfaces deben acomodarse a esas diferencias, de modo que cualquier persona sea capaz de utilizarlas sin problemas.

El objetivo de las opciones de **accesibilidad** es facilitar el uso del ordenador a personas con discapacidades visuales, motoras o auditivas, de modo que nadie se vea limitado en el uso de sistemas por esas diferencias.

Para cubrir estas necesidades, el sistema operativo Windows ha simplificado alguna de sus aplicaciones como: *Lupa, Narrador, Reconocimiento de voz* y *Teclado en pantalla* y sus respectivas opciones en el menú *Inicio - Configuración - Accesibilidad*.

Es necesario diseñar solamente atendiendo a características de grupos de población específicos, eliminando barreras innecesarias.

ACTIVIDADES RESUELTAS

1. En un aula educativa hay una parte del alumnado con necesidades educativas que se encuentran con ciertas dificultades de acceso ante el uso de los equipos informáticos. Estos pueden ser algunos casos:

   Alumnos con necesidades de visión especiales: se debe valorar la configuración de la pantalla y los periféricos de entrada (ratón y teclado) para que sean acordes a las necesidades visuales de cada alumno.

   Al mismo tiempo, se recomienda enseñar al alumno el uso de la *lupa* y la herramienta de *Ampliación de pantalla* para que pueda utilizarla libremente al usar alguna aplicación.

Figura 2.19. Accesibilidad digital.

Alumnos con déficit visual profundo. En estos casos, el lector de pantalla y el descriptor de escenas son fundamentales para que el alumno pueda usar los dispositivos y así poder acceder a los contenidos.

Alumnos con déficit auditivo. Para estos alumnos es esencial el uso de las herramientas como la configuración de sonido, la transcripción simultánea o el dictado para establecer la comunicación con el alumno y los subtítulos.

Alumnos con dificultades motoras. Antes de entregar el dispositivo al alumno, es necesario configurar los gestos, las pulsaciones y el control por voz.

2. **Usar la lupa de Windows** permite ampliar el tamaño del contenido para facilitar la visualización en la pantalla. Esta herramienta viene incorporada con la computadora y actúa como un *zoom* (acercamiento).

Para activar la lupa de Windows, hay que seguir estos pasos:

1. En la barra de tareas se escribe: *Lupa.*

2. A continuación, hay que hacer clic en *Configuración de la lupa.*

3. Ahora se activa la lupa presionando en *Activar.*

4. Automáticamente se abre un cuadrado en el puntero que, al situarlo encima de cualquier contenido de la pantalla, lo muestra en un tamaño amplificado.

5. Para aumentar el tamaño de la lupa, hay que hacer clic en el signo + (más), y para reducirlo, hay que hacer clic en el signo – (menos).

3. **Cambiar el tamaño de un objeto en la pantalla:**

1. Hacer clic con el botón derecho del ratón sobre el escritorio y seleccionar la opción *Configuración de pantalla.*

2. En la ventana *Pantalla,* hay que hacer clic en la lista desplegable bajo la opción *Cambiar el tamaño del texto, las aplicaciones y otros elementos* y probar el tamaño 125 por ciento.

3. Para cambiar el porcentaje de aumento, hay que hacer clic en *Configuración avanzada de escala* y probar otros porcentajes.

2.10. Técnicas de diagnóstico básico y solución de problemas

Es habitual que se produzcan fallos en el sistema operativo que deben ser reparados automáticamente.

Los sistemas operativos disponen de programas de diagnóstico y solución de problemas, que ayudan a reparar errores y fallos del sistema.

Ejemplo

El sistema operativo Windows ofrece el solucionador de problemas de red para poder diagnosticar y solucionar problemas de conexión. Para acceder hay que seguir la ruta: *Configuración – Red en Internet – Solucionador de problemas en red.* Al seleccionar esta opción, se puede hacer un diagnóstico del problema, y si existe, Windows se encargará de solucionarlo.

Es necesario que el ordenador tenga una IP correctamente asignada, ya que es como la matrícula para salir a navegar por internet. Para comprobar que se ha asignado correctamente la dirección IP, hay que seguir la ruta: *Configuración – Red e internet – Ver las propiedades de red.* Si la dirección IP no es la correcta, hay que investigar la causa.

2.10.1. Catálogo de incidencias

Estos son algunos ejemplos de incidencias informáticas clasificadas según su tipología:

- El *software* y sus actualizaciones.
- Incidencias de red o de impresión.
- El rendimiento y mantenimiento de los equipos.
- El encendido o apagado del ordenador.
- *Hardware* o dispositivos de sistema.
- Sobre el correo electrónico y la mensajería.
- Relacionados con sonido y videojuegos.

2.10.2. Reproducción de incidencias y soluciones

En la actualidad existen diversas aplicaciones para identificar y solucionar problemas con los equipos informáticos.

Ejemplo

El sistema operativo Windows 10 cuenta con una herramienta que permite supervisar y administrar los eventos y errores del sistema, la seguridad y la aplicación en el sistema: el visor de eventos.

El visor de eventos informa mediante notificaciones simples de todos los errores y advertencias que se producen en el sistema operativo.

Cada vez que ocurre algo en el sistema se produce un registro de actividad, principalmente en el arranque y apagado del equipo.

Resulta muy útil cuando se presenta un problema o error, dado que permite dar a conocer su existencia, y además permite saber por qué ocurre y cómo solucionarlo.

Para acceder al visor de eventos, hay que seguir la ruta: *Inicio – Herramientas administrativas – Visor de eventos*.

Una vez dentro de este componente, en la parte izquierda se encuentran distintos apartados que ofrecen diferentes tipos de información. Para conocer los sucesos registrados en el sistema, hay que acceder a *Registros de Windows* en el listado lateral izquierdo de la pantalla.

Una vez seleccionada esta opción, aparecen otras secciones en las que se puede ingresar para conocer en detalle los distintos eventos que han tenido lugar en las últimas horas. En este ejemplo, se quiere aprender a acceder a los eventos del sistema, por lo que se va a seleccionar el apartado *Sistema*. Para ello, hay que hacer clic en el área central del cuadro o en el lateral izquierdo, donde dice *Sistema*.

Ahora ya se pueden observar todos los eventos asociados a los componentes del sistema de Windows.

Para administrar este apartado, hay que tener en cuenta que cada evento está registrado por tres etiquetas distintas:

* **Información:** el sistema indica que un programa o aplicación está funcionando de forma correcta.

* **Advertencia:** los eventos que se registran no tienen que ser de gravedad, pero sirven para corregir errores antes de que sean más graves.

* **Error:** hace referencia a un problema dentro del equipo, tanto a nivel de *hardware* como de *software*.

Además, al seleccionar cada evento, se podrá acceder a un detalle de lo que cada suceso significa y conocer su ID.

Cada uno de los eventos registrados en Windows cuenta con un ID que sirve para realizar una búsqueda en el centro de búsqueda de soporte de Microsoft, donde se detalla cada uno de los eventos posibles que se generan en el sistema. En este centro de soporte se indican las causas del suceso y la forma de solucionarlo.

2.11. Procedimientos de seguridad, integridad, acceso y protección de información

En general, la seguridad informática se encarga de proteger la integridad y la privacidad de la información almacenada en un sistema informático.

En la práctica, no se puede garantizar por completo la seguridad de la información. Es imposible eliminar todos los riesgos que puedan existir. Sin embargo, lo que sí se puede hacer es aprender a gestionarlos. Para poder reducir al mínimo posible los riesgos, hay que poner en práctica toda una serie de tareas, procedimientos, programas y políticas que permitan garantizar un determinado nivel de seguridad de la información en la organización.

> La protección de la información consiste en evitar que se haga un uso indebido de los recursos que están dentro del ámbito del sistema operativo.

Deben existir mecanismos y políticas que aseguren que solo aquellos usuarios que tengan derecho de acceso puedan acceder a los recursos. Las políticas de protección y seguridad del *hardware, software* y datos deben estar incluidas en el sistema operativo, y pueden afectar a uno o varios componentes.

El sistema operativo debe proporcionar medios para implementar la política de protección deseada por el usuario.

La seguridad en informática debe cumplir los siguientes objetivos:

- Mejorar la percepción y confianza de los usuarios en cuanto a la calidad del servicio.

- Cumplir la normativa sobre protección de datos.

- Preservar la confidencialidad de los datos y la privacidad de los usuarios.

- Tener acceso a la información cuando se necesite y preservar la integridad de los datos.

- Minimizar el número de incidentes.

- Evitar interrupciones del servicio a causa de virus o ataques informáticos.

Para alcanzar estos objetivos, la gestión informática debe llevar a cabo las siguientes funciones:

- **Confidencialidad:** es la capacidad de garantizar que la información solamente va a estar disponible para aquellas personas autorizadas, por lo tanto, las personas ajenas no podrán acceder a la información.

Figura 2.20. Seguridad de la información.

- **Disponibilidad:** es la capacidad de garantizar que tanto el sistema como los datos van a estar disponibles para el usuario en todo momento.

- **Integridad:** es la capacidad de garantizar que los datos no han sido modificados desde su creación sin autorización. Esto tiene mucha importancia cuando se realizan trámites por internet.

- **No repudio:** garantiza la participación de las partes en una comunicación. En toda comunicación, existen un emisor y un receptor.

ACTIVIDAD

¿Es lo mismo seguridad informática que seguridad de la información? ¿En qué se diferencian?

2.11.1. Copias de seguridad y mecanismos alternativos

Una forma importante de mantener el sistema operativo y su correcto funcionamiento sin perder tiempo de trabajo, debido a problemas informáticos y desastres en el ordenador, son las copias de seguridad.

DEFINICIÓN Una **copia de seguridad** es un duplicado de la información personal más importante contenida en los equipos informáticos, que se realiza para salvaguardar los documentos, como archivos, fotos, certificados digitales, con el fin de poder recuperarlos en caso de su pérdida. Esta copia de seguridad también recibe el nombre de copia de respaldo, o *backup,* como se denomina en inglés.

Las pérdidas de información se deben a múltiples causas, como el mal funcionamiento de los equipos informáticos, roturas en el disco duro, cortes en la corriente eléctrica, la acción de ciertos programas maliciosos como los virus, etcétera.

Por todo esto es necesario planificar una copia de seguridad periódica de la información personal, y para ello, lo primero que hay que definir es qué es lo que se quiere proteger, cómo y con qué frecuencia.

Las copias de seguridad se pueden hacer de diferentes formas:

- En otros discos duros (locales u en otros ubicados en una red).

- En dispositivos de almacenamiento externo (memorias USB o discos duros externos).

- En cuentas *online* o cuentas para almacenamiento en la nube.

- Haciendo otra partición del disco duro (una partición es una sección separada y distinta del mismo disco duro).

El almacenamiento en la nube se basa en salvaguardar las copias de seguridad en servidores de terceros. De esta manera, la única preocupación será la de exigir las garantías de seguridad pertinentes a la empresa que facilite ese servicio.

Entre las ventajas de almacenar una copia de seguridad en la nube cabe destacar:

- La copia de seguridad está alojada fuera de la organización.

- Total disponibilidad de los datos en cualquier momento.

- La copia está protegida ante cualquier incidente que pueda ocurrir dentro de la organización.

Se deben seguir las siguientes instrucciones a la hora de hacer la copia de seguridad:

- Deberá estar protegida mediante contraseña para evitar accesos no autorizados.

- Cuando se use un dispositivo extraíble, se debe almacenar en un lugar seguro y diferente a la ubicación principal.

- Es recomendable tener distintas copias de seguridad en diferentes formatos.

- En el caso de que se traten datos de carácter sensible, es obligatorio cifrar las copias de seguridad.

Además de la realización de copias de seguridad y restauración, existen opciones de recuperación de sistema, que permiten devolver el sistema a un punto anterior a que comenzaran los problemas.

Las ventajas que ofrece un sistema de copias de seguridad son:
• Continuidad de actividad. Permite tener disponibles los datos en muy poco tiempo, incluso en caso de catástrofe. • Sencillo y transparente. Una vez instalado el programa, la copia de seguridad se ejecutará de manera automática a la hora indicada cada día. • A prueba de errores humanos. Existe un histórico con los archivos almacenados, al que podrá acceder el usuario en caso de querer distintas versiones del archivo, permitiendo recuperar la información de archivos corruptos o versiones anteriores. • Recuperación desde cualquier otro lugar. Si se quiere realizar una transferencia de datos externa, se podrán recuperar los datos donde quiera que esté el usuario. • Cumplir con la normativa.

ACTIVIDAD RESUELTA

En una oficina se quiere llevar a cabo una copia de seguridad, o *backup,* de la información contenida en los equipos informáticos con los que se trabaja. Todos los equipos cuentan con el sistema operativo Windows, que ofrece diferentes formas de crear copias de seguridad. Estas son algunas de las opciones más comunes:

Si la intención es guardar todos los datos del equipo, sistema operativo, configuración, aplicaciones y archivos de usuario, se puede hacer una **copia de seguridad completa.**

Para ello, hay que seguir los siguientes pasos:

1. Acceder al panel de control del sistema desde el menú de usuario de Windows, haciendo clic con el botón derecho del ratón sobre el botón inicio.

2. Hay que hacer clic con el ratón en *Copias de seguridad y restauración.*

3. Después, hay que hacer clic en *Crear una imagen del sistema.*

4. Ahora hay que elegir dónde se va a guardar la copia, en un disco duro o *pendrive,* en discos ópticos DVD o en una unidad de red.

5. Confirmar e iniciar el proceso haciendo clic en *Iniciar copia de seguridad.*

Esta copia de seguridad puede tardar entre diez minutos y varias horas, dependiendo de la cantidad de datos que se vayan a copiar. Esta herramienta no permite personalizar los archivos que se van a incluir, pero es un método sencillo y fácil de manejar desde el mismo sistema operativo, que produce un fichero comprimido completo del sistema que se puede restaurar en caso de problemas.

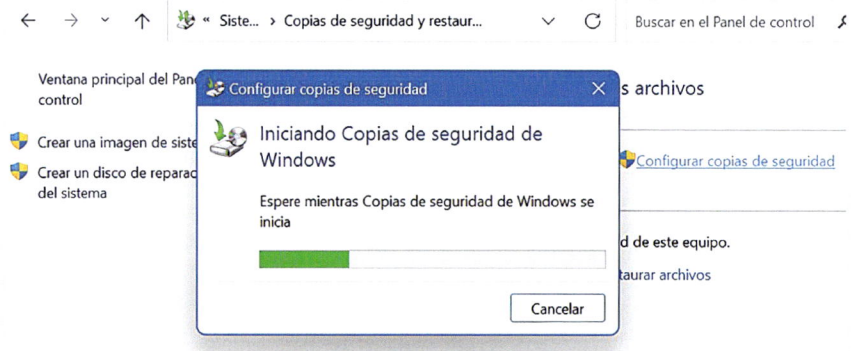

Figura 2.21. Copia de seguridad.

Copias de seguridad en OneDrive

OneDrive sincroniza automáticamente los datos entre todos los dispositivos que se hayan configurado en la misma cuenta de un usuario y permite obtener una copia de seguridad en línea de los archivos. Por ejemplo, al modificar los datos de una hoja Excel en el ordenador, OneDrive actualizará la versión sincronizada en la nube. Si luego se quiere trabajar con ese archivo desde una *tablet,* por ejemplo, siempre se reflejará la última versión.

Copia manual de archivos

Si lo que se desea es hacer una copia de seguridad de archivos específicos, se pueden copiar manualmente a una unidad externa o una ubicación de red. Tan solo hay que seleccionar los archivos o carpetas que se desea respaldar y copiarlos en la unidad de destino.

Crear una unidad para recuperación de sistema

También es posible crear una unidad de recuperación para invocar cuando el equipo no se pueda arrancar o en caso de problemas. Para ello, hay que seguir los siguientes pasos:

1. Acceder al panel de control del sistema.

2. Hay que hacer clic en *Recuperación*.

3. Y ahora hay que seleccionar *Creará una unidad de recuperación*.

Una vez creada, se utilizará en caso de que haya que acceder al equipo en caso de problemas.

Herramientas de terceros

También se puede utilizar *software* de copia de seguridad de terceros. Estos programas suelen ofrecer más opciones y son más flexibles para crear y gestionar las copias de seguridad.

2.11.2. Programas maliciosos

Un programa malicioso o *malware* es un *software* que tiene como objetivo infiltrarse en el ordenador con diversas finalidades, desde gastar una broma hasta dañar unos archivos o el *hardware* de una computadora.

Existen diversos tipos de programas que pueden encontrarse en internet y que pueden afectar al equipo de alguna manera.

Estos son algunos de los más frecuentes:

Figura 2.22. Virus informáticos.

Virus informáticos

Los virus son programas que se propagan de manera independiente, se reproducen y se infiltran en otros programas informáticos. Son la forma más tradicional y conocida de *software* malicioso. Cuando un virus se activa, este se reproduce y puede perjudicar la funcionalidad del ordenador, destruir datos, espiar al usuario o incluso dañar el *hardware*.

Gusanos informáticos

Los gusanos informáticos se reproducen y propagan más rápidamente que los virus y no necesitan alterar archivos, sino que acceden a los sistemas a través de redes o dispositivos de almacenamiento. Al igual que los virus, los gusanos pueden dañar el sistema y suelen utilizarse para que el atacante pueda ejercer cierto control sobre el equipo ajeno. Son uno de los tipos de *malware* más utilizados hoy en día.

Troyanos

Los caballos de Troya, más conocidos como troyanos, se presentan como programas aparentemente inofensivos, pero en realidad intentan acceder a los sistemas informáticos. Si consiguen su objetivo, ejecutan en los sistemas funciones que afectan de manera negativa al usuario. Los troyanos son capaces de vigilar el tráfico de datos en un ordenador o incluso copiar archivos y enviarlos. También pueden ejecutar y modificar determinados programas del ordenador e instalar nuevo *software* malicioso, e incluso pueden ser controlados a distancia, lo que da lugar a que los cibercriminales tengan la posibilidad de hacer un uso indebido de un ordenador.

Adware

El *adware* es un tipo de *software* malicioso que se instala de forma silenciosa en un dispositivo informático, y muestra anuncios y ventanas emergentes no deseados. Puede ejecutarse cuando el usuario está conectado a internet.

Programas espía

Este *software* permite espiar los datos de los usuarios para ser transmitidos al fabricante o a terceros sin que el usuario se dé cuenta. La información obtenida por medio de programas espía suele ser utilizada para fines comerciales y ello da lugar a que se muestren, por ejemplo, anuncios relacionados con dichos datos.

Los programas espías y el *adware* no causan daños directos en el sistema. Sin embargo, ambos pueden hacer disminuir el rendimiento y la seguridad del equipo.

Para protegerse de estos ataques, es necesario el uso de ciertos programas.

> **DEFINICIÓN** Los **antivirus** son programas que se ejecutan de forma permanente y protegen a los equipos informáticos de los ataques de *software* maligno. Es muy importante que se actualicen de forma automática para poder eliminar el mayor número de programas malintencionados. Estos programas ofrecen consejos sobre cómo proceder correctamente.

También es recomendable el uso de cortafuegos y tener el sistema operativo y otros programas de *software* actualizados con la última versión.

ACTIVIDADES RESUELTAS

1. Seguridad de Windows ofrece opciones de seguridad integradas que ayudan a proteger el dispositivo contra ataques de *software* malintencionado.

   Para comprobar la seguridad en el equipo, hay que seguir los siguientes pasos:

   1. En la ventana de *Windows Update,* hacer clic en *Seguridad de Windows,* en la lista de opciones de la izquierda.

   2. Comprobar que todos los recursos de seguridad están activados, que muestran una marca verde y que indican que no se requiere acción ninguna.

   3. Si alguno de ellos está desactivado, aparecerá un aviso para hacer clic sobre él y activarlo.

   4. Hacer clic en *Abrir Seguridad de Windows.*

   5. Acercar el puntero del ratón, sin hacer clic, a las opciones de la izquierda para conocer su cometido.

   6. Si se sospecha que el equipo ha sufrido un ataque, hacer clic en la opción *Protección antivirus y contra amenazas,* y después hacer clic sobre el botón *Examen rápido.*

2. Comprobar que el equipo está actualizado:

   1. Hacer clic en el botón Iniciar y después en el botón *Configuración.*

   2. En la ventana configuración de Windows, hay que hacer clic en *Actualización y seguridad,* que está situada en la parte inferior de la ventana.

   3. Hacer clic en la opción *Windows Update,* en la lista de opciones de la izquierda.

   4. Para comprobar que el equipo está actualizado, existe un botón llamado *Buscar actualizaciones,* en caso de que sea necesario.

2.12. Normativa legal aplicable

Las nuevas tecnologías de la información han dado lugar a nuevas figuras delictivas que hasta su irrupción eran inexistentes o desconocidas para la sociedad y para el legislador.

En la actualidad, existen diferentes normativas para regular el uso y la distribución de los programas de *software,* según sean sus características. Estas disposiciones legales están contenidas en la Ley de Propiedad Intelectual, la Ley Orgánica de Protección de Datos y en el Código de Comercio, y establecen unas pautas para que los usuarios no cometan actos delictivos.

En el ámbito nacional, los delitos informáticos son sancionables por el Código Penal, y las sanciones se recogen en la **Ley Orgánica 19/1995, de 23 de noviembre.**

Mediante esta ley, se establecen sanciones más duras a personas y empresas que copien *software* sin autorización, lo que se llama de forma peyorativa «pirateo» de programas. Estas sanciones suponen multas económicas, inhabilitación y penas de cárcel.

Esta nueva ley impone una serie de obligaciones para las empresas. Algunas de ellas son:

- Realizar un inventario del *software* de la empresa (programas de gestión, contabilidad, antivirus, sistemas operativos, etcétera).

- Realizar un inventario de todo el *hardware* del que dispone la organización.

- Realizar un listado de usuarios.

- Realizar un inventario con las licencias adquiridas y regularizar las que falten.

- Establecer un modelo de organización, gestión y vigilancia del *software.*

Es necesario aclarar algunos aspectos relacionados con este tema.

DEFINICIÓN Los **derechos de autor** son el conjunto de normas jurídicas y principios que afirman los derechos morales y patrimoniales que la ley concede a los autores, por el hecho de haber creado una obra literaria, artística, musical, científica o didáctica, esté publicada o inédita.

Las infracciones de derechos de autor se producen cuando se hace un uso no autorizado de obras cubiertas por las leyes de derechos de autor, como el derecho de copia, de reproducción o el de hacer obras derivadas.

Los llamados piratas informáticos adoptan como negocio la reproducción, apropiación o acaparación y distribución, con fines lucrativos, y a gran escala, de distintos contenidos como *software,* vídeos o música, de los que no posee licencia o permiso de su autor, generalmente haciendo uso de un ordenador.

Cuando se desarrolla un *software* es necesario firmar un acuerdo de colaboración o licencia, dejando claro quiénes son los propietarios y cuáles van a ser los derechos y las limitaciones que se van a aplicar de cara a los clientes.

> **DEFINICIÓN** El *software* **libre** son programas que utilizan un código abierto que permite a los usuarios ver libremente el código fuente del *software,* modificar, distribuir y utilizar sin ninguna restricción.

El *software* libre se puede lanzar bajo diferentes licencias, como por ejemplo, GPL, Apache, BSD, etc. WordPress es un ejemplo de *software* de código abierto.

2.12.1. Propiedad intelectual

Los fotógrafos, los poetas y los músicos están considerados públicamente como artistas y sus creaciones, ya sean fotos, poesías o canciones, son consideradas obras. Su uso por parte de terceros, ya sea en lo que respecta a hacer copias o a difundirlas para sus propios intereses, no está permitido. En ellos, es de aplicación la Ley de Propiedad Intelectual, que, para sorpresa de muchos, cubre también *software* y programas de ordenador.

> **DEFINICIÓN** **Autor** es la persona que crea una obra, sea artística, literaria o científica. El autor no solo crea, sino que también puede cambiar alguna obra.

Los programas de ordenador son entendidos como una secuencia de instrucciones o indicaciones destinadas a ser utilizadas, de forma directa o indirecta, en un sistema informático para realizar unas funciones o tareas. Cualquiera que sea su forma de expresión, se encuentra protegida por la Ley de Propiedad Intelectual.

De la misma manera, la expresión *programas de ordenador* comprende también toda su documentación preparatoria. La documentación técnica y los manuales de uso de esos programas gozan de la misma protección que ofrece la Ley de Propiedad Intelectual a los programas informáticos.

Por otro lado, hay que señalar que no están protegidos por la Ley de Propiedad Intelectual todos aquellos elementos incluidos en los programas que sirven de fundamento para sus interfaces.

La persona, grupo de personas o persona jurídica contemplados como titular de los derechos de autor, en los casos previstos en la Ley de Propiedad Intelectual, serán considerados como los autores de los programas de ordenador.

En el caso de que los programas sean el resultado de una colaboración entre varios autores, serán de propiedad común, y la autoría corresponderá a todos estos en la proporción que determinen.

En el caso de que un trabajador asalariado sea el creador de un programa informático, en el ejercicio de las funciones que le han sido confiadas, la titularidad de los derechos de explotación corresponde exclusivamente al empresario de la empresa de *software*.

1. Cuando el autor sea una persona natural, la duración de los derechos de explotación de un programa de ordenador durará toda la vida del autor y setenta años después de su muerte o declaración de fallecimiento.

   En el caso de obras divulgadas por partes, volúmenes o fascículos, que no sean independientes y cuyo plazo de protección comience a transcurrir cuando la obra haya sido divulgada de forma lícita, los plazos se computarán por separado para cada elemento.

2. Cuando el autor sea una persona jurídica, la duración de los derechos será de setenta años, computados desde el día 1 de enero del año siguiente al de la divulgación lícita del programa o al de su creación si no se hubiera divulgado.

   La norma de referencia en España es el **Real Decreto-Ley n.º 2/2018, de 13 de abril,** por el que se modifica el texto refundido de la **Ley de Propiedad Intelectual,** aprobado por el **Real Decreto Legislativo n.º 1/1996, de 12 de abril,** y por el que se incorporan al ordenamiento jurídico español la **Directiva 2014/26/UE del Parlamento Europeo y del Consejo, de 26 de febrero de 2014,** y la **Directiva (UE) 2017/1564 del Parlamento Europeo y del Consejo, de 13 de septiembre de 2017.**

ACTIVIDAD

¿Qué se entiende por *software* libre?

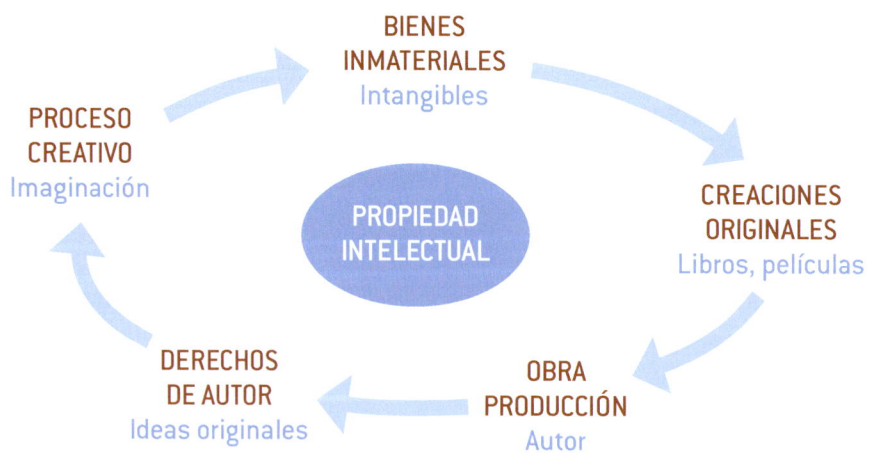

Figura 2.23. Propiedad intelectual.

2.12.2. Ley Orgánica de Protección de Datos

Hoy en día, los avances tecnológicos y la informática facilitan a las organizaciones la posibilidad de almacenar grandes cantidades de datos personales, tanto de clientes, proveedores, trabajadores y candidatos. Estos datos pueden ser números de teléfono, correos electrónicos, gustos, preferencias, datos de salud, etcétera.

Los riesgos que conllevan los nuevos sistemas de tratamiento de datos, el incremento de la recogida de datos y la falta de armonización entre las normativas de distintos estados, impulsaron que las instituciones promulgaran una nueva normativa.

Aunque es habitual referirse a la ley española de protección de datos como LOPD, lo cierto es que el nombre completo de la normativa actual es **Ley Orgánica de Protección de datos y garantía de derechos digitales** (LOPDGDD).

Esta ley entró en vigor el 6 de diciembre de 2018, sustituyendo a la antigua **Ley Orgánica 15/1999 de Protección de Datos de Carácter Personal**. El objetivo de la LOPDGDD es adaptar la legislación española a la normativa europea, definida por el **Reglamento General de Protección de Datos** (RGPD), vigente desde el 25 de mayo de 2018.

Por lo tanto, cuando se habla de protección de datos en España, la norma de referencia es la LOPDGDD.

Esta ley establece los requisitos y obligaciones de las empresas sobre cómo proceder con la información personal, así como los derechos que asisten a usuarios y consumidores.

Tiene como finalidad proteger la intimidad, privacidad e integridad del individuo, en cumplimiento con el **artículo 18.4 de la Constitución española**. Del mismo modo, regula las obligaciones del individuo en todo proceso de transferencia de datos para garantizar la seguridad del intercambio.

Se consideran datos personales aquella información en texto, imagen o audio que permita la identificación de una persona. Existen datos considerados de poco riesgo, como el nombre o el correo electrónico, mientras que otros son de riesgo más elevado, como por ejemplo los datos sensibles relacionados con la religión o la salud personal.

No se tratan como datos personales aquellos que no permiten identificar a una persona. Por ejemplo, datos sobre características climáticas o datos que han pasado a ser anónimos, es decir, ya no se pueden relacionar con ningún individuo. En este caso, la normativa a cumplir es el *Reglamento sobre libre circulación de datos no personales*.

Establece un marco legislativo para la protección de datos personales en internet. Incorpora puntos a tener en cuenta, como el derecho al olvido o a la portabilidad, además de cambios en la obtención del consentimiento para recoger y usar la información personal.

La LOPDGDD establece bastantes cambios respecto a la anterior Ley de Protección de Datos de 1999. Se modifican los requisitos para obtener, guardar y compartir la información, y se establecen cambios en relación al tratamiento de datos de usuarios en internet.

Entre las novedades más importantes está la figura del **Delegado de Protección de Datos**.

Según la LOPDGDD existe la obligación de designar a un Delegado de Protección de Datos (DPD) en tres supuestos:

- En caso de que el tratamiento de los datos se realice por una autoridad u organismo público.

- Si las actividades y operaciones principales del responsable de datos exigen seguimiento regular y sistemático a gran escala.

- Cuando las actividades y operaciones principales del responsable requieren tratamientos a gran escala de datos personales que tienen que ver con delitos y condenas.

- Necesitan un DPO los colegios profesionales, centros de enseñanza, establecimientos financieros de créditos, aseguradoras, empresas de servicios de inversión, etcétera.

ACTIVIDADES

1. ¿Qué datos se consideran datos personales?

2. ¿Puede tener un coste económico para el interesado ejercer el derecho de consulta? Justificar la respuesta.

3. Cuando el responsable de un fichero detecta algún error en los datos, ¿debe rectificarlo o solicitar al interesado que lo haga?

4. Una empresa se está adaptando a la LOPD y se encuentra con las siguientes situaciones: personal poco colaborativo, archivos de datos ocultos, falta de medidas de seguridad en las instalaciones, personal sin formación para trabajar con archivos y uso de equipos inadecuados y obsoletos. ¿Qué medidas se deben tomar?

5. El dueño de una empresa de impresoras solicita los servicios de una auditoría para que le expliquen cómo se va a aplicar la LOPD en su negocio. ¿Qué pasos hay que seguir?

6. Cuando un ciudadano recibe un correo electrónico no deseado, también llamado spam, o cuando se reciben cartas de publicidad de empresas desconocidas, ¿qué es lo que hay que tener en cuenta en relación con la LOPD? ¿De qué forma se ha incumplido la ley en estos casos?

ACTIVIDADES

1. Antonio es un comercial de una empresa de telefonía móvil. Una de las tareas es realizar encuestas sobre la experiencia de los usuarios con sus compañías actuales. Cuando hace las llamadas, Antonio necesita obtener información personal de las personas encuestadas, pero no hay ninguna pregunta en la que se le consulte al encuestado si da su consentimiento para la recogida de sus datos personales. Razonar si esto es correcto o no.

2. Confeccionar una solicitud de cancelación de datos de carácter personal dirigida a la empresa DELCOX, situada en la Avda. Manoteras, 46, Madrid.

2.12.3. Código de Comercio

Es el conjunto de normas y preceptos que regulan las relaciones mercantiles entre individuos o empresas de un mismo territorio.

El Código de Comercio se estableció en España en el año 1885, para acabar con el desorden que existía en materia de intercambio comercial, y así adaptarse a las nuevas tendencias que estaban surgiendo en países como Francia e Inglaterra.

Cuando se redactó se dejó un margen para cualquier variación que pudiera surgir, teniendo en cuenta el flujo de actividades económicas de cada periodo.

Tiene como finalidad procurar una sociedad justa y regular todos los aspectos relacionados con la conducta humana en el ámbito comercial, a través de una serie de normas básicas que definen la conducta que se tendrá que exigir y cumplir en todas partes.

Los ámbitos en los que se aplica este código son:

- Empresas que tienen carácter comercial o industrial: son empresas que se dedican en la mayoría de su tiempo a la comercialización. También lo hacen a la distribución de mercancías o reventa en los casos en que se produzcan bienes que se encuentran semielaborados. Además, estos se destinan a la venta para que mejoren o a la recomercialización.

- Operaciones de cambio: el código también regula los cheques, letras de cambio o pagarés. Aunque ya no se produzca al mismo nivel que hace unos años, continúa siendo una parte importante del código.

- Compraventa de mercancía y alquiler de estos productos: uno de los principales hechos del comercio es el de distribuir la mercancía o los servicios que se adquieren de otros o que se ha producido por la misma empresa.

El uso de las nuevas tecnologías de la información y la comunicación han dado lugar a que los usuarios se relacionen de una manera más fácil y rápida. Estas tecnologías, como internet, los ordenadores, los teléfonos móviles y otros dispositivos electrónicos, han facilitado la celebración de actos comerciales, dando origen al comercio electrónico.

> El comercio electrónico de conformidad con el Código de Comercio se refiere a los actos de comercio que se celebran haciendo uso de medios electrónicos, como internet u otras redes informáticas.

En España, la **Ley de Comercio Electrónico** entró en vigor en 2014, como parte de la **Ley de Servicios de la Sociedad de la Información y Comercio Electrónico.**

Este conjunto de normas se encarga de velar por la seguridad de todos aquellos que operan o realizan transacciones en internet, al mismo tiempo que deja claras las obligaciones y los derechos de cualquiera de las partes que intervienen en una transacción *online.*

Resumen

El sistema operativo es el *software* que gestiona todos los recursos que utiliza un usuario en una computadora. Es el que se encarga de gestionar los procesos, la memoria, los ficheros, tipos de usuarios y otros recursos de los que dispone el sistema.

Por lo general, estos sistemas ofrecen al usuario una representación gráfica de los procesos que están en marcha.

El sistema de archivos proporciona la organización del conjunto de datos, que se denominan archivos, y se encarga de dotar de una estructura lógica que sea fácil de usar para el usuario, en forma de árbol de directorios.

El sistema operativo Windows cuenta con una herramienta muy importante como es el *Explorador de archivos,* que permite administrar los archivos y carpetas que están almacenados en la memoria del ordenador.

La información contenida en los equipos informáticos puede ser grabada, modificada e intercambiada entre distintas aplicaciones informáticas.

Las redes locales permiten que grupos de ordenadores interconectados puedan compartir información y recursos entre ellos.

Existe una serie de procedimientos que permiten compartir recursos, como la instalación de una red de ordenador, la configuración de grupos de trabajo y el uso de los protocolos de comunicación.

Los sistemas operativos cuentan con sistemas de diagnóstico y solución de problemas para detectar errores y fallos del sistema.

Es necesario cumplir la normativa legal cuando se maneja información con sistemas informáticos, por ello hay que aplicar la Ley de Propiedad Intelectual, la Ley de Protección de Datos y el Código de Comercio.

Autoevaluación

2.1. En un sistema operativo multitarea...

    a) Se ejecuta un solo programa a la vez.

    b) Solo se permite trabajar a un usuario.

    c) Se permite ejecutar varias tareas o programas al mismo tiempo.

    d) Las opciones a) y b) son ciertas.

2.2. Señalar cuál de los siguientes elementos no pertenece al sistema operativo:

    a) Entorno gráfico.

    b) Los directorios.

    c) Una base de datos.

    d) Los archivos.

2.3. Los protocolos más importantes que existen en la red son:

    a) POP y SMTP.

    b) MS-DOS.

    c) TCP/IP.

    d) Linux.

2.4. Indicar cuáles de las siguientes frases son verdaderas o falsas:

La Ley de Protección de Datos de Carácter Personal (LOPD) tiene como principal objetivo regular el tratamiento de los datos y ficheros de carácter personal.

☐ Verdadero   ☐ Falso

La copia de seguridad siempre debe hacerse en el mismo soporte en el que se almacenan los datos de forma principal.

☐ Verdadero   ☐ Falso

El explorador del sistema es un elemento del sistema operativo que permite integrar información de aplicaciones diferentes.

☐ Verdadero   ☐ Falso

La principal diferencia entre un documento estático y otro dinámico es en el lugar donde se almacena esa información y el modo en que se actualiza.

☐ Verdadero   ☐ Falso

2.5. El mejor lugar para guardar las copias de seguridad es:

   a) Dentro del disco duro de un ordenador, para tener un acceso fácil.

   b) En discos duros externos, DVD o CD que estén en un lugar seguro para impedir que personas no autorizadas tengan acceso a los archivos.

   c) El sistema operativo Windows no contempla tener *backups* fuera del sistema operativo.

   d) En un cajón de la mesa del escritorio bajo llave.

2.6. Cuando se habla de la nube:

   a) Se hace referencia a las páginas webs que flotan en internet.

   b) Tiene como función albergar ficheros y carpetas en servidores especializados en almacenamiento.

   c) Son los navegadores que permiten a los usuarios visitar las páginas web.

   d) Es conocido como un importante productor de *hardware* y *software*.

2.7. Cuando se habla en términos de seguridad de la información, hay que referirse a:

   a) *Hackers, firewall* y *backups.*

   b) Llaves, depósitos y contraseñas.

   c) Ciberdelincuentes, cámaras y alarmas.

   d) Confidencialidad, integridad y disponibilidad.

2.8. La barra de dirección del explorador de Windows:

   a) Contiene una serie de opciones que se abren haciendo clic sobre ellas.

   b) Muestra información sobre los archivos y carpetas que se encuentran en la localización donde se encuentra el usuario y el modo de visualización que esté seleccionado.

   c) Muestra los archivos y otras carpetas personales.

   d) Muestra el nombre de la carpeta donde encuentra el usuario y se encuentra debajo de la barra principal.

2.9. Una medida de seguridad básica en un equipo informático es contar con un:

a) *Malware.*

b) *Antiphising.*

c) Antivirus.

d) Programa espía.

2.10. El programa WinRar es una herramienta que se usa para:

a) Trabajar con ficheros comprimidos.

b) Subir archivos a internet.

c) Modificar imágenes.

d) Hacer copias de seguridad.

3. Implantación y transición de sistemas de gestión electrónica de la documentación

Introducción

Las técnicas de gestión documental han ido evolucionando desde hace décadas hasta llegar al momento actual en el que se prescinde en gran medida del documento en formato papel.

Los sistemas de gestión electrónica de documentos permiten una administración y control más segura y eficaz, contribuyendo a mejorar la productividad.

Son tiempos en los que a los archivos les toca convivir con el medio digital y el analógico (archivos híbridos), y el archivo digital se hace muy necesario. La digitalización de documentos convierte a formato digital cualquier documento en papel, y es muy frecuente tratar la información de forma electrónica desde su nacimiento (documentos nativos electrónicos), para no tener que digitalizarla posteriormente.

En una organización se manejan una gran cantidad de documentos que consumen tiempo y recursos. Estos documentos pueden entrar por diferentes vías (interna y externa), y en diferentes formatos (papel, electrónico). El buen funcionamiento se basa en la eficacia y la eficiencia, y si esto falla, quiere decir que se está dando un mal servicio y los costes derivados son excesivos. Llegados a este punto, la empresa se colapsa y empiezan los problemas: producción descontrolada, multiplicación de copias, mucha cantidad de documentos en papel, problemas de almacenamiento, dificultad para acceder a la información, pérdidas de información frecuentes, etcétera.

Todas las organizaciones tienen características diferentes, de modo que nunca un sistema de gestión documental servirá para un mismo tipo de organización. Es necesario hacer un plan personalizado de acuerdo con sus necesidades.

Los profesionales de la información deben adaptarse al medio actual y adquirir conocimientos específicos para poder llevar a cabo el diseño del sistema de gestión documental en una organización. Estos aspectos se basan en la creación, recepción, organización, almacenamiento, preservación y acceso, y difusión de la información.

Las tareas que llevan a cabo estos profesionales son las de planificar, desarrollar y poner en marcha un sistema de este tipo, según las necesidades y características de la organización.

La gestión de la documentación tiene que ir orientada a las personas que la van a utilizar: los usuarios y los empleados.

DEFINICIÓN **Sistema de gestión documental.** Conjunto de normas, técnicas y prácticas que se usan para administrar el flujo de documentos de todo tipo en una organización.

DEFINICIÓN **Sistema de gestión electrónica documental.** Hace referencia a un sistema de *software* que controla y organiza los documentos en toda la organización, sin importar que se denomine como un documento electrónico de archivo o no.

Contenido

3.1. Organización y funcionamiento de los centros de documentación y archivo

La organización y funcionamiento de un centro de documentación y archivo implica la gestión y conservación de la información, ya sea en formato papel o digital, para su acceso, almacenamiento y preservación a largo plazo.

Para que el funcionamiento y la organización del centro de documentación y archivo sean correctos es necesario conocer aspectos previos de la organización, como los servicios que se van a desarrollar y las necesidades de los usuarios.

> **DEFINICIÓN** Un **centro de documentación** es la unidad de información que reúne, gestiona y difunde la documentación de un área de conocimiento determinada y ayuda a fortalecer su investigación.

Tiene como objetivo identificar con la mayor precisión la información que puede ser útil a los usuarios y ofrecer una respuesta rápida y eficaz a la demanda de la información solicitada. Es una unidad de recursos y servicios de información al servicio de una institución, donde la información pasa por unos filtros antes de llegar al usuario.

> Los documentalistas que desarrollan su labor en los centros de documentación se encargan principalmente de las siguientes tareas:
>
> - Recibir y almacenar fuentes de información, y analizarlas.
> - Difundir la información entre los usuarios, y previamente transformarla.
> - Abastecer al usuario de los documentos que solicite.

Es habitual la creación de dosieres sobre asuntos relevantes. Recogen una variada selección de informes, documentos, enlaces a servidores de internet y artículos sobre una materia determinada, que son recopilados y actualizados para el uso personal de la organización y por investigadores del exterior.

Los documentalistas se ocupan de gestionar de forma óptima los recursos, identificar y solucionar los problemas derivados de la elaboración, recopilación, acceso y diseminación de la información. También se ocupan de gestionar de forma segura los documentos electrónicos, las intranets y la información contenida en servidores de internet.

ACTIVIDAD

Indicar cuáles son las características y funciones de un centro de documentación y archivo.

3.1.1. Determinación de los elementos que intervienen en un sistema informatizado de gestión documental

> **DEFINICIÓN** Un **sistema de gestión documental** está diseñado para almacenar, administrar y controlar el flujo de documentos dentro de una organización. Los documentos e imágenes digitales se almacenan en una base de datos centralizada, junto con la información de sus procesos, para que los empleados puedan acceder de forma fácil y sencilla.

Una correcta implementación de la gestión documental permite recuperar fácilmente la información contenida en los documentos, modificarla y archivarla el tiempo que sea necesario. De este modo, es más sencillo determinar qué documentos se pueden eliminar para ahorrar espacio al dejar de ser útiles, y cuáles deben ser guardados por ser valiosos.

Figura 3.1. Conceptos relativos a la gestión documental.

A la hora de elegir el sistema informático de gestión documental, hay que tener en cuenta todos los recursos que tiene la organización, desde los equipos informáticos hasta las personas que vayan a utilizarlo, sus conocimientos sobre informática y la formación documental. El sistema elegido debe conocer perfectamente las necesidades y adaptarse a ellas.

Es importante identificar las necesidades de la empresa en relación con el manejo de documentos. Esto incluye identificar los tipos de documentos que se manejan, los procesos que se siguen y los problemas que presentan.

Ejemplo

Existen programas que posibilitan la visualización de multitud de formatos, pero no permiten la modificación o creación de estos dentro de los parámetros del gestor documental.

En el mercado hay muchos programas de gestión documental, pero no todos tienen las mismas características, ni se adaptan por igual a la realidad de una organización. Por lo tanto, se tienen que tener en cuenta los siguientes aspectos:

- Preservar la tecnología en la que fueron creados los documentos, tanto en *hardware* como en *software.*
- La utilización de estándares que puedan ser utilizados desde distintos sistemas.

Ejemplo

Un archivo de texto tiene que poder visualizarse con diferentes procesadores de texto: Word, Writer, Google Docs, etcétera.

Ejemplo

Los principales elementos que intervienen en un sistema informatizado de gestión documental son los siguientes:

- *Hardware.* Los escáneres y dispositivos de digitalización transforman los documentos originales en documentos electrónicos para su almacenamiento.

  Los servidores contienen información previamente digitalizada. Los usuarios finales se conectan a un servidor para poder acceder a la información, para su modificación o revisión.

  Los terminales (ordenadores) permiten trabajar con los programas de gestión documental y acceder a la información alojada en los servidores.

- **Redes.** Permiten a los usuarios y administradores acceder y gestionar la información de los servidores. Pueden ser locales o también se puede acceder a la información a través de internet.

- **Bases de datos.** En las bases de datos se almacena la información de los archivos.

- *Software.* Los programas de apoyo al proceso de gestión de la documentación.

- **Usuarios.** Realizan las consultas electrónicas a los documentos digitalizados dentro del sistema documental de acuerdo con los niveles de seguridad y acceso asignados a cada uno de ellos.

- **Administradores.** Los documentos digitalizados son codificados e indexados en la base de datos del servidor, identificando la ubicación física del documento original y asignando las claves de acceso.

El *software* debe ser compatible con el resto de programas y equipos con los que trabaja la organización.

Un programa de gestión documental requiere de una **digitalización** previa de los documentos para que el sistema pueda acceder a los mismos.

La característica más potente de un *software* de gestión documental es la **indexación** de documentos, seguida del almacenamiento de **metadatos** y el control de **flujos de trabajo**.

> **DEFINICIÓN** La **indexación de documentos** consiste en asignar etiquetas o palabras clave a los documentos para facilitar su recuperación y organización. Estas etiquetas permiten clasificar los documentos y recuperarlos cuando sea necesario.

> **DEFINICIÓN** Un **metadato** es cualquier tipo de información en forma electrónica asociado a un documento electrónico, independientemente de su contenido.

Tienen como función principal proporcionar información sobre las características del documento, su unidad productora y la función y procedimiento administrativo al que corresponden.

En la actualidad, cuando se relaciona con internet y las plataformas de almacenamiento *online* que existen, se entiende por gestión documental algo más amplio en cuanto a su utilidad y rentabilidad para empresas, instituciones y administraciones. Es lo que se puede definir como gestión documental en la nube.

ACTIVIDADES

1. ¿Cuáles son las ventajas principales que suponen la implantación de un sistema de gestión documental?

2. Señalar cuál es la diferencia entre digitalización y gestión documental.

3.2. Ventajas e inconvenientes del soporte informático, frente a los soportes convencionales

En general, los programas de gestión documental generan una serie de beneficios a las empresas, como son: el ahorro de tiempo en la búsqueda y recuperación de documentos, la reducción de costos en el almacenamiento de papel y la mejora en la seguridad de la información, reduce al mínimo la duplicidad de los documentos y aumenta claramente la productividad.

A continuación, se detallan algunas de sus ventajas e inconvenientes:

Ventajas del soporte electrónico:
• Es fácil de manipular.   • Permite búsquedas de información con múltiples posibilidades.   • Facilita la recuperación y la actualización de la información.   • Ahorro de espacio de almacenamiento.   • La reproducción de estos documentos es sencilla.   • Posee una gran capacidad de almacenamiento.   • Ahorro de costes, tanto en gasto de papel, equipos de impresión y mantenimiento de estos equipos.

Inconvenientes del soporte electrónico:
• Es necesario adquirir equipos específicos para consultar estos documentos.   • Existe la posibilidad de que se pierda información al producirse la migración de una tecnología a otra.

Figura 3.2. Soportes informáticos y convencionales.

3.2.1. Desde el punto de vista de la seguridad

Tanto el soporte informático como el soporte convencional tienen sus ventajas y sus inconvenientes desde el punto de vista de la seguridad.

El soporte físico, si está bien archivado y dispone de las medidas de seguridad necesarias, es más complicado que se pueda acceder a él sin las autorizaciones pertinentes. Por otro lado, en caso de desastre natural, como una inundación, terremoto o incendio, es más difícil de proteger, pudiendo incluso desaparecer definitivamente. El soporte físico tiende a deteriorarse con el paso del tiempo.

El soporte informático tiene como principal ventaja que se puede copiar y almacenar en diferentes lugares, de forma que si hay un error en el dispositivo donde está almacenado se puede recuperar otra copia. Por otro lado, si las medidas de seguridad no son muy altas, se corre el riesgo de que la información pueda ser copiada o eliminada por personas no autorizadas.

Un sistema de gestión documental puede incluir medidas de seguridad para proteger la información de la empresa. Entre estas medidas se encuentra el control de acceso, seguimiento de cambios, registro de actividad y cifrado de la información.

Figura 3.3. Seguridad de la información.

ACTIVIDAD

Indicar los sistemas de seguridad que se usan para proteger los archivos informáticos en una empresa.

¿Y para proteger la documentación en papel?

3.2.2. Desde la óptica del uso racional de los recursos

La gestión electrónica de documentos facilita poder compartir la información y aprovecharla de forma más eficaz y de forma colectiva. Como consecuencia, se reducen drásticamente situaciones como la duplicidad de documentos archivados, fotocopias innecesarias, dobles grabaciones de datos y se gana en seguridad y fiabilidad de la información. El ahorro de espacio físico es significativo en comparación con los soportes convencionales como el papel.

El formato electrónico es más fácil de manipular y ordenar, y permite seleccionar registros que quizá no podría hacerse en formato convencional.

Entre los inconvenientes se encuentra la necesidad de adquirir dispositivos electrónicos, lo que puede generar gastos adicionales y dependencia de infraestructuras tecnológicas.

3.2.3. Desde el punto de vista económico

Aunque al principio pueda suponer una gran inversión, a largo plazo el soporte digital puede resultar más rentable debido a una mayor eficiencia en la optimización de recursos. La ventaja principal de utilizar un soporte informático desde el punto de vista económico es la reducción de costes. Los archivos en soporte digital permiten el ahorro de espacio físico, el tiempo de archivo, acceso a la información y tratamiento, personal dedicado a estas labores, etc. Esta disminución de los costes frente a los soportes convencionales repercutirá positivamente en la empresa.

Como inconveniente hay que destacar un factor importante, la obsolescencia tecnológica de los documentos. Debido a la rápida evolución tecnológica, los recursos digitales pueden quedar inutilizables por la falta de todos o alguno de los elementos informáticos (*hardware, software* o soportes físicos) de su entorno original. Esto significa que ya no se puede acceder a dichos elementos y obliga a las organizaciones a realizar una inversión continua en equipos y aplicaciones informáticas.

3.3. Definición del flujo documental a partir de aplicaciones informáticas específicas

Los flujos de trabajo se han convertido, en los últimos años, en una herramienta muy importante para coordinar los elementos que intervienen en los procesos: usuarios, actividades, recursos y reglas de actuación.

Las acciones cotidianas de una organización pasan por diferentes procesos que deben completarse para garantizar que el producto o servicio que ofrece cumpla con las expectativas del cliente. El *workflow* es la metodología que permite mantener el orden y garantizar que todo funcione como estaba previsto.

> **DEFINICIÓN** Un **flujo de trabajo** (*workflow* en inglés) es un conjunto de pasos necesarios para completar una tarea o proceso. Puede incluir tanto acciones manuales como automatizadas, y se puede representar gráficamente como un diagrama de flujo para identificar puntos de bloqueo o cuellos de botella.

En los flujos de trabajo se refleja cómo se realizan y estructuran las tareas, cómo influye la información, cómo se hace el seguimiento, las herramientas necesarias para su gestión, el orden que siguen las tareas y la sincronización de las mismas.

Los flujos de trabajo incorporan en su lista de tareas la **gestión documental**.

Las organizaciones se enfrentan a diario a problemas derivados de una mala gestión de los documentos. La búsqueda de archivos, facturas o albaranes supone una pérdida de tiempo y de recursos humanos. El hecho de no disponer de un *software* de gestión documental conlleva la posible pérdida de documentos, datos confidenciales, el acceso a los mismos desde distintos soportes, la pérdida de productividad y la falta de seguridad a la hora de almacenar los documentos.

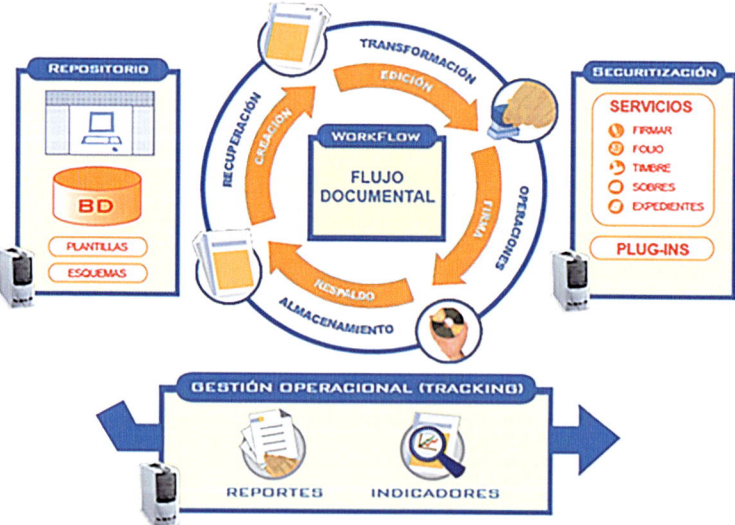

Figura 3.4. Funcionamiento de un *workflow*.

En la actualidad, las herramientas de gestión documental buscan relacionar los procesos de trabajo con los documentos mediante funciones de control y automatización de flujos de trabajo.

Los **gestores documentales** son programas que permiten a las empresas administrar y compartir sus documentos de forma segura. Ofrecen una variedad de funciones, como la creación y edición de documentos, el almacenamiento en la nube, el control de versiones, la búsqueda y la indexación, la gestión de permisos y el acceso a documentos desde cualquier dispositivo.

En los flujos de trabajo, cada documento queda asociado al estado en el que se encuentra en todo momento. Por ejemplo, un albarán puede estar en distintas situaciones: recibido, aprobado, firmado, etc., y el administrador podrá controlar su estado cuando lo necesite.

La automatización de los flujos de trabajo es la principal función del gestor documental. Es una herramienta muy útil para optimizar el trabajo en equipo y mejorar la productividad en las empresas.

> **Los flujos de trabajo ayudan a automatizar tareas repetitivas, consiguiendo así que los documentos sigan los procesos adecuados en la empresa.**

El sistema ERP se ocupa de integrar la información proveniente de la gestión interna y la externa en toda la organización, automatizan los procesos empresariales, aumentando la productividad y reduciendo los costes. Cumplen varias funciones, entre las que destacan:

- Facilitar el flujo de información entre todas las funciones de la empresa dentro de la organización.

- Gestionar las conexiones con las partes interesadas externas.

- Garantizar la seguridad de la información.

Ejemplo de un flujo de trabajo en un ERP

- Una empresa maderera recibe varios pedidos para la fabricación de muebles.

- El sistema verifica de inmediato los inventarios y envía automáticamente órdenes de compra a varios proveedores.

- El sistema programará al personal para producir estos pedidos.

- Se planifica la logística (se reservan camiones para que los pedidos lleguen a su destino final).

- El procesamiento financiero se maneja automáticamente por el *software.*

- Los datos de los pedidos se añaden a la información correspondiente del cliente.

Figura 3.5. Automatización de procesos.

Existen diferentes tipos de flujos de trabajo que se pueden aplicar en las organizaciones:

ACTIVIDAD

El dueño de una empresa se plantea implementar un sistema de *workflow* para conseguir optimizar los procesos de trabajo. ¿Qué pasos debe seguir?

3.3.1. Flujo paralelo

Es aquel sistema que consiste en el procesamiento de varias operaciones y actividades de forma simultánea. Este sistema implica la intervención de todos los responsables de actividades y procesos.

3.3.2. Flujo secuencial

Es aquel sistema que debe seguir una secuencia de pasos que deben ejecutarse en el orden correcto hasta que acabe la última actividad. El orden secuencial ya está establecido y debe respetarse si se quiere obtener un resultado óptimo.

Debido a que este flujo de trabajo no es estrictamente secuencial, se puede alterar el orden de los procesos por motivos externos.

3.3.3. Flujo convergente

Es aquel sistema donde confluyen y se integran distintos procesos o actividades que tienen un objetivo común. Es recomendable ante la continua demanda de mayor capacidad y servicios a coste reducido que existen en la actualidad.

3.3.4. Flujo iterativo

Consiste en la ejecución de un proceso o parte de él de forma sucesiva, hasta que ocurra la situación que le permita finalizar.

En el caso de una empresa, el flujo iterativo se identifica con la revisión y modificación de las reglas y procedimiento del manual de archivo cada cierto tiempo.

3.4. Diseño del sistema de clasificación general para toda la documentación

Según AENOR los archivos se pueden clasificar de forma estandarizada de tal manera que se adapten a las características del archivo.

El diseño de un sistema de clasificación documental implica crear una estructura organizativa que permita establecer categorías y organizar toda la documentación de una organización de manera coherente y eficiente.

El tipo de sistema de clasificación elegido dependerá de los objetivos, las características y exigencias de la empresa. Debe ser estable, perdurable en el tiempo, objetivo, y estar sujeto a un criterio que nace de la naturaleza de los documentos.

Existen diversas maneras de clasificar los documentos en las grandes organizaciones, pero es importante utilizar la gestión documental y tener en cuenta lo siguiente:

- El cumplimiento de la legislación y la normativa. Los sistemas de gestión documental ayudan a las empresas a cumplir con todas las regulaciones.

- La seguridad de la información de la empresa. Gracias a la gestión documental, aumenta la ciberseguridad, mejora el control de acceso y se evitan brechas de seguridad o fugas de información.

En definitiva, clasificar los documentos permite:

- Poner en práctica la gestión documental.

- Abordar los documentos electrónicos con solvencia.

- Aumentar la productividad.

- Reducir los tiempos de búsqueda.

- Tener localizados los datos desde el momento de su creación.

- Recuperar la información de forma rápida y sencilla.

- Vincular los documentos electrónicos y en formato papel que pertenezcan a un mismo expediente.

- Aplicar las reglas necesarias para destruir los documentos cuando proceda.

- Seguir criterios homogéneos para archivar los documentos electrónicos.

- Mantener toda la información centralizada en un único programa.

- Favorecer el trabajo colaborativo.

3.4.1. Determinación de los periodos de vigencia de lo documentos

Es muy importante determinar los periodos de vigencia de la documentación, ajustándose a la normativa legal y a las necesidades específicas de la empresa.

> **DEFINICIÓN** El **periodo de vigencia** es el tiempo que debe permanecer la documentación en una empresa u organización antes de ser destruida o eliminada.

Este periodo de vigencia depende del tipo de documento o los datos que contenga.

Es fundamental elaborar un calendario que especifique el tiempo y el método de conservación para cada tipo de documento.

Las organizaciones suelen establecer normas internas que disponen que la documentación sea guardada durante un determinado periodo de tiempo.

La necesidad de establecer un calendario de vigencia de documentos tiene estos motivos:

- Establecer los tiempos máximos de conservación de documentos para optimizar su propio manejo.

- Facilitar el flujo de archivos y evitar su acumulación.

- Facilitar el proceso de valoración y validación de los archivos.

Para establecer los tiempos de conservación de los archivos, se contempla su valor administrativo, contable y legal, así como las disposiciones jurídicas que se aplican sobre ellos.

Una gestión adecuada de la vigencia de los documentos asegura el cumplimiento de la normativa, la optimización de recursos y facilita el acceso a la información relevante en el tiempo adecuado.

3.4.2. Codificación de documentos

Tal y como se ha comentado en apartados anteriores, la codificación consiste en asignar letras, números o una combinación de ambos a los documentos clasificados para registrarlos y archivarlos.

Existen diferentes formas de llevar a cabo la codificación de los documentos, y debe realizarse de forma que sea común para toda la organización.

Las aplicaciones informáticas de gestión documental disponen de recomendaciones para realizar la codificación.

Es necesario tomarse el tiempo necesario para definir y organizar el proceso de codificación de documentos. Para ello, es necesario identificar en cada documento físico o electrónico la información que debe ser ordenada, dependiendo del sistema que convenga en cada caso, y según sus características.

El sistema de codificación debe ser breve, lógico, flexible y sencillo. Puede utilizar letras, números, o una combinación de ambas. Se recomienda evitar la sucesión de más de tres letras o una secuencia numérica demasiado larga.

Ejemplo

La codificación que se puede realizar para los currículums recibidos por el departamento de personal de una empresa puede ser así:

CV + Apellidos + Nombre

CV Martínez Cruz Sandra.pdf

Figura 3.6. Codificación de documentos.

Pedido/Albarán/2017/20170802_20300.pdf

Pedido/Albarán/2017/20170809_20300.pdf

Pedido/Albarán/2017/20170826_20300.pdf

En el caso de los documentos digitales que hayan sido creados con programas o aplicaciones que lo permitan, es conveniente utilizar contraseñas o claves secretas, para restringir el acceso.

3.4.3. Normalización de los sistemas de ordenación y clasificación: manual de archivo y clasificación de documentos

Según AENOR la normalización es una actividad colectiva encaminada a establecer soluciones a situaciones repetitivas.

Como en cualquier otro ámbito, en el trabajo archivístico también se aplican normas. La utilización de normas ayuda a unificar criterios y procedimientos de trabajo, así como a garantizar la calidad y el acceso a la información contenidos en los documentos que se custodian.

Clasificar consiste en agrupar los documentos o recursos por contenidos o temas, con el objetivo de facilitar su posterior localización y búsqueda.

La ordenación de documentos es un proceso posterior a la clasificación, y permite tener acceso a los datos, localizarlos rápidamente y facilitar su comprensión.

Tanto la ordenación como la clasificación pueden realizarse con un gestor documental, centralizando las tareas y todo el proceso.

Para asignar a un documento el lugar exacto que debe ocupar dentro del sistema de clasificación es necesario crear un manual de archivo.

Mediante la clasificación se vincula un documento con la actividad de la organización y se ubica en una de las categorías establecidas en el esquema o cuadro de clasificación.

> **DEFINICIÓN** El **manual de archivo** es el documento que recoge toda la información sobre el proceso de archivo de los documentos. Es elaborado por la organización, de forma que todo el personal tenga conocimiento de las normas, tanto si es un documento físico como electrónico.

3.4.4. Valoración de los documentos a conservar en soporte papel, de acuerdo con la normativa legal

En una empresa existen diferentes tipos de documentos como facturas, contratos, nóminas, libros de contabilidad. Algunos de ellos están sujetos a restricciones legales de conservación, sin embargo, no todos tienen que cumplir con los mismos plazos. Por ello, es recomendable repasar la normativa vigente para conocer los condicionantes en cada caso.

La variedad documental que se gestiona a diario en una empresa es enorme, por lo que es fundamental ordenar y eliminar los documentos por cuestiones de almacenaje.

La digitalización facilita la conservación y ahorra espacio físico. Sin embargo, la preservación digital requiere de una sólida estructura de la organización, pues de lo contrario se puede complicar bastante la localización de los documentos.

Figura 3.7. Digitalización de documentos.

El Código de Comercio, en su artículo 30, establece que los empresarios conservarán los libros, correspondencia, documentación y justificantes concernientes a su negocio, debidamente ordenados, durante seis años a partir del último asiento realizado en los libros, salvo que se establezca por disposiciones generales o especiales. La obligación de conservar los documentos continúa aún con el cese de la actividad empresarial. Estos documentos son los libros de contabilidad, libros de registro, comprobantes de pago, facturas, cheques, pagarés y letras de cambio.

Para los documentos fiscales, la Ley General Tributaria marca un plazo de cuatro años para guardar los archivos. Aquí se incluyen declaraciones tributarias, autoliquidaciones, documentos acreditativos del pago de impuestos y notas fiscales.

El plazo en el que la Agencia Tributaria puede requerir las facturas es de cuatro años. Sin embargo, si se atiende al criterio mercantil, las facturas pueden guardarse durante seis años.

La Ley Orgánica 10/1995 del Código Penal establece un plazo de conservación de hasta diez años para las facturas. Solo se ven afectadas aquellas que se refieren a un proceso penal, o por estar relacionadas con delitos contra la Hacienda Pública.

Los contratos de trabajo, los registros de la jornada laboral, los justificantes de pago de salarios y los currículums de los candidatos son algunos de los archivos de carácter laboral.

Existen otros documentos que no están sujetos a ninguno de los plazos anteriores, y se rigen por sus propias normas. Estos documentos pueden ser facturas de inmovilizado, información sobre préstamos y documentos referentes a bienes de inversión.

Los documentos especiales que están relacionados con el patrimonio de la empresa, como son las escrituras de propiedad, estatutos, actas notariales, etc., deberán conservarse de forma indefinida.

Es muy probable que las organizaciones contengan una gran cantidad de documentos, tanto en formato papel como electrónico, y un ejemplo son las facturas. Se puede perder mucho tiempo en su localización, así que convendría tener todas las facturas en formato digital para una mejor consulta.

La factura electrónica es un sistema que sustituye a la factura tradicional de papel y se debe tener en cuenta la normativa para que pueda tener el mismo valor que la original. Se expide y recibe en formato electrónico.

Tanto las facturas en papel como las facturas electrónicas están reguladas por el Real Decreto 1619/2012, de 30 de noviembre, por el que se aprueba el reglamento por el que se regulan las obligaciones de facturación.

En el caso de las facturas electrónicas, la legibilidad la facilita el programa informático mediante el que son creadas y las recibe al mismo tiempo.

El programa seleccionado debe estar homologado por la Agencia Tributaria española para que el archivo conserve el mismo valor que el original. Mediante las herramientas homologadas y la firma digital se podrán eliminar las facturas originales. Esta firma identificará al firmante y, si cumple todos los requisitos legales, será válida.

En la actualidad, uno de los problemas que existen es que los procedimientos electrónicos están concebidos de manera aislada, sin ningún enfoque hacia la interoperabilidad. En muchos casos esta documentación se da por perdida y no va a poder ser consultada en un futuro. Los expedientes y documentos electrónicos habrán desaparecido de forma no reglada y sin un estudio de valoración.

La Ley 39/2015, de 1 de octubre, del Procedimiento Administrativo Común de las Administraciones Públicas regula la relación entre las administraciones públicas y los ciudadanos a través de medios electrónicos.

La Ley 40/2015 de Régimen Jurídico del Sector Público pretende la regulación de las formas administrativas internas y la relación entre las administraciones públicas.

Estas leyes son la lanzadera definitiva a la digitalización del sector público, desde las administraciones locales hasta las administraciones estatales.

El objetivo es la organización y transparencia a través de la digitalización, gestión y control. Se pretende que todas las actividades realizadas en las Administraciones públicas se hagan de manera electrónica. De esta forma, se eliminan duplicados, se agilizan las relaciones y se simplifican los procedimientos.

La gestión electrónica de documentos y expedientes permitirá a las Administraciones trabajar de manera común. Su objetivo es tener un sistema que permita tratar todos los procesos por los que pasa un documento electrónico.

A diferencia de la ley anterior, con la Ley 11/2007, la novedad es que se pueden realizar todos los procedimientos y trámites bajo las mismas especificaciones de intercambio para ser interoperables.

Todas las Administraciones públicas deberán conservar un registro único de los documentos y expedientes electrónicos de procedimiento administrativo finalizados en un archivo electrónico. Su finalidad es garantizar la integridad, autenticidad, confidencialidad, calidad, protección y conservación de estos, teniendo en cuenta sus ciclos de vida. El sistema debe permitir conservarlos o recuperarlos a largo plazo. Estos documentos serán archivados y gestionados bajo controles de seguridad, con diferentes niveles en función de su importancia.

> **DEFINICIÓN** Según el Portal de la Administración electrónica del Gobierno de España (PAe) se define **documento electrónico** como una información de cualquier naturaleza en forma electrónica, archivada en un soporte electrónico según un formato determinado y susceptible de identificación y tratamiento diferenciado.

Figura 3.8. Archivo electrónico.

El **expediente electrónico** es el conjunto de documentos electrónicos correspondientes a un procedimiento administrativo.

Los medios o soportes donde se almacenen los documentos deberán contar con medidas de seguridad, de acuerdo con lo previsto en el Esquema Nacional de Seguridad, que garanticen la integridad, autenticidad, confidencialidad, calidad, protección y conservación de los documentos almacenados, así como su consulta con independencia del tiempo transcurrido desde su emisión.

Los documentos convertidos a formatos electrónicos deben incorporar metadatos para asegurar la validez y permitir su tratamiento automatizado. El archivo electrónico guardará los documentos con unos metadatos asignados a cada uno, para su posterior búsqueda, verificación de autenticidad y expedición de copia oficial certificada y válida.

Es muy importante que estos sistemas de archivo puedan cumplir con la LOPD para todos los datos que guarden.

Para ser considerados válidos, los documentos electrónicos administrativos deberán:

- Contener información de cualquier naturaleza archivada en un soporte electrónico según un formato determinado susceptible de identificación y tratamiento diferenciado.

- Disponer de los datos de identificación que permitan su individualización, sin perjuicio de su posible incorporación a un expediente electrónico.

- Incorporar su referencia temporal del momento en que han sido emitidos.

- Incorporar los metadatos mínimos exigidos.

- Incorporar las firmas electrónicas que correspondan de acuerdo con lo previsto en la normativa aplicable.

Entre los sistemas de verificación figuran: la firma electrónica, el sello y la certificación electrónicos.

Figura 3.9. Firma electrónica.

Para garantizar la autenticidad de un documento electrónico hay que identificar a la persona que resultó ser el autor o firmante. El método utilizado es la firma electrónica, que se encuentra regulado en España por la Ley 6/2020, de 11 de noviembre, de firma electrónica.

La eliminación de los documentos digitalizados debe estar autorizada según los procedimientos previstos en la Ley 16/1985 del Patrimonio Histórico Español y la normativa específica sobre archivos.

ACTIVIDADES

1. ¿Cómo se debe proceder si se quiere transferir una gran cantidad de documentos a un sistema de gestión documental?

2. Un empresario autónomo debe realizar dos operaciones de forma telemática: una transferencia bancaria a un cliente y obtener un certificado que acredite que está al corriente de sus obligaciones con Hacienda. Desea saber cuál es la forma de proceder más acertada desde el punto de vista legal.

3.4.5. Establecimiento de niveles de seguridad (*backup* u otros medios) y de acceso a cada documento

> **DEFINICIÓN** Una **copia de seguridad** (*backup*) es un duplicado de los datos que se hace para poder recuperarlos ante cualquier pérdida o incidente. Sin ellas, la organización podría quedarse sin esa información.

Figura 3.10. Copias de seguridad.

Las copias de seguridad se pueden hacer de cualquier programa que contenga datos de la organización.

No es necesario guardarlo absolutamente todo, y es conveniente establecer una buena estrategia. De este modo, la organización evitará almacenar datos erróneos y las duplicidades. Hay que tener en cuenta que las copias de seguridad ocupan bastante espacio, así que cuantos más datos se almacenen, mayor será el coste de almacenamiento. Si se pierden los documentos en una empresa, puede ocurrir una catástrofe. La pérdida de datos puede ocurrir por causas naturales, como un fuego o una inundación, o por temas técnicos, como el borrado accidental por parte de un empleado o un robo (físico o virtual por *hackers*).

La normativa sectorial de protección de datos exige a las empresas la realización de copias de seguridad de los datos. Por tanto, es necesario que:

- Se realicen en un dispositivo externo o interno situado en lugar diferente que la localización habitual de los datos.

- Sea realizada de forma periódica, al menos una vez a la semana.

- Las copias de los datos deben almacenarse cifrados.

- Establecer un procedimiento para su realización.

- Verificación semestral de los procedimientos.

- Pruebas con datos reales.

Es muy importante que las copias de seguridad no se almacenen en un único sitio.

Se pueden encontrar almacenadas:

- **En la nube.** El coste para la organización dependerá del volumen de almacenamiento que ocupan los datos. Hay que tener dos elementos en cuenta: primero hay que decidir si el servicio de la nube va a ser público o privado y, en segundo lugar, garantizar el funcionamiento y disponibilidad de las copias mediante un acuerdo.

Figura 3.11. La nube.

    Entre las nubes más conocidas están: AWS Backup, Azure Backup y Cloud Backup de IBM.

- **En local.** El almacenamiento está en el *hardware* de la organización. Este *hardware* se compone de servidores, puertos USB o cabinas de discos duros, entre otros.

- **En modo híbrido.** Es la forma más común. Las organizaciones guardan una copia de seguridad en la nube y otra en local. Si no hay conexión a internet, se puede obtener una copia del almacenamiento local; si el almacenamiento local ha resultado dañado, entonces la copia se puede recuperar gracias al almacenamiento en la nube.

La frecuencia de la copia de seguridad depende de la necesidad y las características de la organización.

Resulta interesante conocer las limitaciones y los factores humanos que conlleva cualquier esquema de *backup* que se utilice, ya que garantizan principalmente dos objetivos: la integridad y la disponibilidad.

En el caso de que no se pueda recuperar una copia de seguridad, existen otras opciones en el mercado, como son las aplicaciones de recuperación de datos o diversos métodos en la web.

Respecto a los niveles de seguridad y acceso a un documento, el proceso más conveniente es utilizar una clave, de esta forma solo el usuario o persona que la haya establecido podrá controlar su acceso, o derivarlo a otros usuarios.

Los niveles de seguridad generales que influyen en el procedimiento de gestión de un documento son:

- Privilegios básicos: permiten visualizar el documento o archivo sin disponer de autorización para editarlo o modificarlo.

- Privilegios parciales: permiten visualizar y realizar pequeñas modificaciones al documento.

- Todos los privilegios: permiten realizar cualquier tipo de modificación del documento, así como su eliminación parcial o total.

3.4.6. Instrucciones para seguimiento, conservación, almacenamiento, duración del archivo, expurgo y control de documentos, de acuerdo con la normativa vigente

Es necesario establecer unas medidas de seguridad que puedan garantizar la gestión de la documentación de una forma eficaz, tanto en archivos físicos como digitales.

La calidad del almacenamiento de los depósitos es fundamental para la conservación de todos los documentos, ya sean físicos o en formato electrónico. Un almacenamiento inadecuado suele ser la razón más habitual que provoque un fallo prematuro en los medios.

Figura 3.12. Almacenamiento de documentos.

Hay que tener en cuenta que el almacenamiento digital resulta más económico y posee una mayor capacidad que el físico.

Para preservar de forma adecuada los documentos electrónicos es necesario crear una lista con los diferentes requerimientos archivísticos, para luego llevar a cabo el diseño de los sistemas informáticos. Es necesario controlar los documentos durante todo su ciclo de vida y garantizar su calidad e integridad permanente.

Es muy recomendable hacer copias de seguridad de forma periódica y guardar los dispositivos de almacenamiento en lugares frescos y secos que pueden alargar su vida útil.

Después de realizar la valoración de documentos electrónicos hay que realizar el expurgo, cuando carezcan de interés para la organización, una vez que haya finalizado el plazo de conservación que establece la ley.

En un determinado momento será necesario destruir una parte de la documentación, debido a que por su volumen es imposible conservarla de forma que sea útil. Si no se siguen unos criterios técnicos a la hora de eliminar la documentación, se corre el riesgo de acabar con información muy valiosa para la organización. Por ello, es necesario establecer unos criterios que garanticen la conservación de los documentos más importantes.

Sería conveniente también, una vez al año, comprobar los archivos que no sean necesarios, copiarlos y eliminarlos para permitir que el almacenamiento de un servidor de una organización no se colapse.

Debido a que el formato de los soportes documentales va cambiando, es necesario plantearse soluciones como la **migración**. Consiste en copiar los documentos de manera regular en otros soportes de grabación y traspasar la información de un formato a otro más actualizado. Cada método utilizado debe garantizar que no se pierdan los datos.

Figura 3.13. Migración de datos.

Los formatos electrónicos no disponen de la misma capacidad de perdurabilidad que los soportes en papel. De este modo, se suele garantizar una media de cinco años para los documentos electrónicos en general, lo que obliga a realizar migraciones de forma periódica. Por ello, es necesario crear un calendario para realizar las revisiones y migraciones e informar en los cambios de formatos. Se recomienda usar formatos abiertos que no dependan de *hardware* y *software* específico.

Los documentos están expuestos a constantes cambios tecnológicos, por lo que es necesario mantenerlos legítimos, accesibles e inteligibles para que perduren en el tiempo.

Existen una serie de normas generales para llevar el control de los documentos:

La Constitución española, en su artículo 10 reconoce el derecho a la dignidad de la persona, y el artículo 18.4 dispone que la Ley limitará el uso de la informática para garantizar el honor y la intimidad personal y familiar de los ciudadanos y el pleno ejercicio de sus derechos. De estos artículos deriva el derecho fundamental a la protección de datos de carácter personal.

La Ley Orgánica 3/2018, de 5 de diciembre, de Protección de Datos Personales y garantía de los derechos digitales (LOPDGDD) es una ley orgánica aprobada por las Cortes Generales de España que tiene por objeto adaptar la legislación española a la normativa europea, definida por el Reglamento General de Protección de Datos. Esta ley orgánica deroga a la anterior Ley Orgánica 15/1999, de Protección de Datos de Carácter Personal, aunque se mantiene vigente para la regulación de ciertas actividades.

Tiene como finalidad proteger la intimidad, privacidad e integridad del individuo, en cumplimiento con el artículo 18.4 de la Constitución española. Del mismo modo, regula las obligaciones del individuo en todo proceso de transferencia de datos para garantizar la seguridad del intercambio.

La Ley 9/2014, de 9 de mayo, General de Telecomunicaciones, y La Ley 34/2002, de 11 de julio, de Servicios de la Sociedad de Información y Comercio Electrónico (LSSI), atribuyen a la Agencia de Protección de Datos la tutela de los derechos y garantías de abonados y usuarios en el ámbito de las comunicaciones electrónicas, en relación con las comunicaciones comerciales por correo electrónico o medios similares, y sobre el empleo de dispositivos de almacenamiento de la información en equipos equivalentes.

Está en proceso la aprobación de un reglamento relativo a la privacidad en las comunicaciones electrónicas que transpondrá al ordenamiento jurídico español el código europeo de las comunicaciones electrónicas adoptado en 2018.

El contenido de las comunicaciones electrónicas puede proporcionar información altamente sensible sobre las personas físicas que participan en la comunicación.

Por lo tanto, los metadatos que proceden de las comunicaciones electrónicas (número de teléfono, páginas web visitadas, geolocalización, etc.) también pueden revelar información muy sensible y personal. De ahí que sea necesario asegurar su confidencialidad.

La firma electrónica se regula en el ordenamiento jurídico español mediante la aplicación de la Ley 6/2020, de 11 de noviembre, reguladora de determinados aspectos de los servicios electrónicos de confianza. Esta ley deroga la Ley 59/2003, de 19 de diciembre, de firma electrónica, y con ella aquellos preceptos incompatibles con el reglamento europeo.

El objeto de esta ley no es otro que evitar la existencia de vacíos normativos que puedan ocurrir en situaciones de inseguridad jurídica en la prestación de servicios electrónicos de confianza.

Y por último la Ley 39/2015, de 1 de octubre, del Procedimiento Administrativo Común de las Administraciones Públicas.

El encargado del tratamiento de datos es la figura que se encarga del tratamiento de los datos personales en una empresa por cuenta del responsable. Será el responsable del tratamiento el que se encargue de determinar los fines y medios del tratamiento, y el encargado se ocupará de llevarlo a la práctica siguiendo las directrices del responsable.

Figura 3.14. Normativa vigente.

3.5. Enfoques y sistemas de calidad en la gestión de la documentación

Para desarrollar e implementar un sistema de gestión de la calidad de la documentación se deben llevar a cabo los siguientes pasos:

- Establecer los requisitos y expectativas de los clientes de otros ámbitos interesados.

- Establecer los criterios de calidad que requiere la organización.

- Determinar los procesos y responsabilidades que sean necesarios para alcanzar los objetivos de la calidad.

- Determinar los recursos que sean necesarios para conseguir los objetivos de la calidad.

- Establecer los sistemas adecuados para medir la eficiencia y la eficacia de los procesos.

- Aplicar estos sistemas para determinar la eficacia y la eficiencia de cada proceso.

- Establecer los medios necesarios para prevenir no conformidades y excluir los motivos que las producen.

- Determinar un proceso para obtener la mejora continua del sistema de gestión de calidad.

Estos enfoques se pueden aplicar para mejorar los sistemas de calidad ya existentes. La adaptación de este enfoque genera confianza en la capacidad de los procesos y mejora la calidad de los productos, y además proporciona un soporte para la mejora continua. Todo ello contribuye a satisfacer la confianza de los clientes y conseguir el éxito de la organización.

3.5.1. UNE-ISO 15489

La normalización en los procesos de gestión documental, aplicada de forma correcta, es un instrumento muy ventajoso que facilita el trabajo y es garantía de calidad.

La utilización de normas ayuda a aunar criterios y procedimientos, y garantiza el acceso a la información. Es decir, la normalización favorece el tratamiento documental y la interoperabilidad de registros, unifica las tareas repetitivas, mejora la gestión de los procesos documentales y facilita el trabajo en grupo.

La normalización persigue fundamentalmente tres objetivos:
• La simplificación: reducir el número de modelos y de normas, para quedarse únicamente con los más necesarios.
• La unificación: permite los intercambios a nivel internacional.
• La especificación: intenta evitar errores de identificación, creando un lenguaje claro y preciso.

La norma ISO 15489 se centra en los principios de la gestión de documentos y establece los principios básicos para que las organizaciones puedan establecer un marco de buenas prácticas que mejore de forma sistemática y efectiva la creación y mantenimiento de documentos.

La aparición de la norma ISO 15489 es el resultado de la confluencia de dos modelos, el norteamericano desarrollado a partir de los años treinta, y que tiene como núcleo el concepto de ciclo de vida de los documentos, y el modelo australiano con su principio de la continuidad de documentos.

Proporciona una guía sobre cómo gestionar o administrar los documentos y su relación con los sistemas electrónicos para la conservación de archivos en diferentes soportes. Su objetivo es normalizar las políticas, procedimientos y prácticas de la gestión de documentos de archivo con el fin de asegurar su adecuada atención y protección, y permitir que la evidencia y la información que contienen puedan recuperarse de un modo más eficiente y eficaz.

Se compone de dos partes:

La primera parte (Generalidades), es el núcleo de la norma y define los conceptos básicos, los principios y los requisitos de la gestión de documentos en las organizaciones.

La segunda parte (Directrices) es un informe técnico que proporciona una metodología de implementación de un sistema de gestión de documentos de acuerdo con los principios definidos en la primera parte de la norma.

En la norma ISO 15489 se establecen los siguientes procesos para sistematizar las operaciones de creación y mantenimiento de los documentos:	
• Creación.	• Almacenamiento.
• Captura.	• Uso y reutilización.
• Clasificación e indexación.	• Migración y conversión.
• Control de acceso.	• Disposición.

Hay que señalar que se incluyen aspectos que pueden percibirse como externos a la gestión documental cuando en realidad sin ella no serían posibles, como la reutilización de la información, los datos abiertos, la migración entre aplicaciones y el acceso a la información. Por este motivo, este estándar encaja perfectamente en la realidad actual de sistemas híbridos de gestión documental, con los que cuentan la mayoría de las organizaciones.

Elementos básicos de un plan de gestión de documentos

Figura 3.15. ISO 15489.

Esta norma presenta grandes ventajas para las organizaciones, ya que propone un marco para sistematizar la gestión de documentos a la vez que supone un reto para los profesionales de la gestión de la información, y es de gran utilidad para el tratamiento de los documentos electrónicos.

3.5.2. Modelo EFQM de excelencia

Es conocido como el modelo europeo de excelencia empresarial. Es un instrumento práctico que ayuda a las organizaciones a establecer un sistema apropiado de gestión, midiendo en qué punto se encuentran dentro del camino a la excelencia, identificando las posibles carencias de la organización y proponiendo acciones de mejora.

Entre las funciones del modelo EFQM podemos encontrar:

• Establece un marco para que las organizaciones desarrollen las metas a conseguir de una forma eficaz.

• Es un instrumento que sirve a las organizaciones para identificar y entender la naturaleza de su negocio.

- Permite establecer un mismo lenguaje y forma de pensar en toda la organización.

- Sirve como herramienta de diagnóstico para determinar la salud de la organización, detectando los puntos de mejora y las acciones que le ayuden a mejorar.

- Supone la base para la concesión del Premio EFQM a la excelencia. Se trata de un proceso de evaluación que permite a Europa conocer las organizaciones que están mejor gestionadas y promoverlas como modelos de excelencia, para que otras organizaciones las tomen como modelo.

Entre los criterios que componen el modelo EFQM de excelencia están:

- **Criterio 1. Liderazgo.** Cómo los líderes desarrollan y facilitan la consecución de la misión y desarrollan los valores necesarios para conseguir el éxito a largo plazo.

- **Criterio 2. Política y estrategia.** Cómo se implanta en la organización la misión mediante una estrategia claramente centrada en los grupos de interés y apoyada por políticas, planes, objetivos y procesos relevantes.

- **Criterio 3. Personas.** Cómo se gestiona, desarrolla y aprovecha la organización el conocimiento y el potencial de las personas que la componen, tanto a nivel individual como en grupo.

- **Criterio 4. Alianzas y recursos.** Cómo se planifican y gestionan sus alianzas externas y recursos internos en apoyo del funcionamiento de sus procesos.

- **Criterio 5. Procesos.** Cómo se diseña, gestiona y mejora la organización de sus procesos para apoyar su política y estrategia para generar mayor valor a sus clientes y a otros grupos de interés.

- **Criterio 6. Resultados en los clientes.** Qué logros está alcanzando la organización con sus clientes externos.

- **Criterio 7. Resultados en las personas.** Qué logros está alcanzando la empresa en relación con las personas que la integran.

- **Criterio 8. Resultados con la sociedad.** Qué logros está alcanzando la organización en la sociedad.

- **Criterio 9. Resultados clave.** Qué logros está alcanzando la organización en relación al rendimiento planificado.

La ventaja que aporta este modelo a las organizaciones es el aumento de la competitividad de las organizaciones haciéndolas más rentables, logrando un buen clima de trabajo y ofreciendo una excelente calidad de servicio, teniendo en cuenta tanto los requisitos legales como las necesidades y las expectativas de los clientes.

3.5.3. Otras normas

En la actualidad, la gestión documental cuenta con numerosas normas y recomendaciones.

Aunque la norma más genérica en este campo es la ISO 15489, hay otras normas más concretas que recomiendan prácticas específicas relacionadas con la gestión de documentos electrónicos.

Las normas más relevantes en cuanto a la calidad de la gestión la documentación son:

UNE-ISO 23081-I:2008. Información y documentación – Procesos de gestión de documentos – Metadatos para la gestión de documentos – Parte 1: principios.

Esta norma cubre los principios que sostienen y regulan los metadatos para la gestión de documentos. Estos principios se aplican a lo largo del tiempo a los documentos y sus metadatos, los procesos que los afectan, cualquier sistema en que residan y cualquier organización que sea responsable de su gestión. Es norma española (UNE).

UNE-ISO/TS 23081-2:2008. Información y documentación – Procesos de gestión de documentos – Metadatos para la gestión de documentos – Parte 2: elementos de implementación y conceptuales.

Establece un marco para definir los elementos de metadatos consistente con los principios y las consideraciones sobre su implementación comentados en la primera parte. Es norma española (UNE).

ISO/CD TR 26102. *Requirements for long-term preservation of electronic records.*

Proyecto de informe técnico que, de acuerdo con los requisitos establecidos en la norma ISO 15489, especificaría la metodología para desarrollar una estrategia de conservación de los documentos electrónicos a largo plazo, con independencia del *hardware,* el *software* y el entorno tecnológico original en el que fueron creados.

ISO/TR 26122:2008. *Work process for analysis for records.*

Informe técnico que proporciona orientaciones sobre el análisis de los procesos de trabajo desde la perspectiva de la creación, captura y control de los documentos. Identifica dos tipos de análisis:

- Análisis funcional (descomposición de las funciones en procesos).
- Análisis secuencial (investigación del flujo de transacciones).

Además, existen otras normas ISO destinadas a los sistemas informáticos y las aplicaciones de gestión de documentos, que se deberían tener en cuenta a la hora de diseñar e implementar un sistema de gestión electrónica de documentos.

ISO/TR 15801:2004. *Electronic imaging – Information stored electronically – Recommendations for trustworthiness and reliability.*

Informe técnico que describe la implementación y operación de sistemas que almacenan información electrónica, para los cuales las cuestiones de veracidad, fiabilidad, autenticidad e integridad son importantes. Se contempla todo el ciclo de vida de los documentos almacenados electrónicamente desde su incorporación original hasta su eventual destrucción. Es proyecto de norma española (PNE).

ISO/TR 17799:2002. Tecnología de la información – Código de buenas prácticas para la gestión de la seguridad de la información.

Norma que establece principios generales y directrices para iniciar, implementar, mantener y mejorar la gestión de la seguridad de la información en una organización. Contiene buenas prácticas de control de las diversas áreas de la gestión de la seguridad de la información (política de seguridad, organización de la seguridad de la información, gestión de activos, seguridad de los recursos humanos, seguridad física y del entorno, gestión de las comunicaciones y las operaciones, control de acceso, adquisición, desarrollo y mantenimiento de sistemas de información, gestión de incidentes, gestión de la continuidad del negocio y conformidad). Es norma española (UNE).

ISO/TR 18492:2005. *Long-term preservation of electronic document-based information.*

Informe técnico que proporciona orientaciones metodológicas para la preservación a largo plazo y la recuperación de la información basada en documentos electrónicos cuando su periodo de conservación supera el tiempo previsto de duración de la tecnología usada para crear y mantener la información. Es proyecto de norma española (PNE).

ISO 19005-I:2005. *Document management – electronic document file format for long-term preservation. Part I: Use of PDF 1.4 (PDF/A-1).*

Especifica la utilización del formato PDF/A para la conservación a largo plazo de los documentos electrónicos. Es proyecto de norma española (PNE).

ISO 32000-I:2008. *Document management – Portable document format – Part I: PDF 1.7.*

Proporciona la información esencial que necesitan los desarrolladores de *software* destinada a crear o leer ficheros PDF existentes e interpretar su contenido para su visualización e interacción.

Aparte de las normas ISO, se pueden encontrar normas o modelos de requisitos producidos por otras organizaciones que establecen un marco de trabajo sobre algún aspecto concreto de la gestión de documentos:

MoReq. Modelo de requisitos para la gestión de documentos electrónicos de archivo.

Es un conjunto de requisitos para la organización de archivos electrónicos, desarrollado en el marco de la Unión Europea. Esta norma contribuye a la normalización y al impulso de la gestión de documentos de archivo en el marco de la administración electrónica. Existe una traducción al castellano.

La **ISAD(G)** *(General International Standard Archival Description)* es la **Norma Internacional General de Descripción Archivística**.

Esta norma constituye una guía general para la elaboración de descripciones archivísticas, con independencia del tipo de documento o del soporte físico. Su finalidad es la creación de metadatos descriptivos de documentos de archivo a nivel internacional. Sigue un modelo jerárquico de descripción que se desarrolla por niveles.

NEDA es la **Norma Española de Descripción Archivística**. Esta norma es la adaptación de la ISAD(G) al ámbito archivístico español. Surge por iniciativa de la Subdirección General de los Archivos Estatales, con la participación de los Archivos estatales y de las comunidades autónomas. Engloba todo el ciclo vital de los documentos.

La **ISDF** *(International Standard for Describing Functions)* es la **Norma Internacional para la Descripción de Funciones**. Fue elaborada por el Consejo Internacional de Archivos (ICA).

Esta norma sirve de guía para elaborar descripciones de funciones de instituciones vinculadas con la producción y la conservación de documentos. Existe una traducción al castellano.

Principles and Functional Requirements for Records in Electronic Office Environments.

Publicados por el Consejo Internacional de Archivos (ICA). Tienen como propósito definir globalmente unos principios y requisitos funcionales armonizados para el *software* utilizado para crear y gestionar documentos electrónicos en entornos ofimáticos. El objetivo primordial de esta serie de directrices y requisitos es la creación y gestión de los documentos electrónicos. Está compuesto por tres módulos:

1) *Overview and Statement of Principles.*

2) *Guidelines and functional Requirements for electronic Records Management Systems.*

3) *Guidelines and functional Requirements for records in business systems.*

Resumen

Un sistema de gestión electrónica documental es una forma de almacenar, organizar y administrar la gran cantidad de documentos electrónicos de una empresa para facilitar su acceso.

La gestión documental de documentos digitales permite la importación y almacenamiento de documentos, la búsqueda de información de forma más rápida, la creación de flujos de trabajo para mejorar los procesos de la organización, reducir el espacio utilizado y los gastos de material.

Los elementos que intervienen en un sistema informatizado de gestión documental son el *hardware, software,* bases de datos, administradores y usuarios.

Un flujo de trabajo es el conjunto de pasos necesarios para completar las tareas que forman parte de los procesos de negocio de una empresa. En ellos se refleja cómo se realizan y estructuran las tareas, cómo influye la información, cómo se hace el seguimiento, las herramientas necesarias para su gestión, el orden que siguen las tareas y la sincronización de las mismas.

El manual de archivo recoge las normas utilizadas para asignar el lugar exacto que debe ocupar un documento dentro del sistema de clasificación.

Hay que establecer unas medidas de seguridad que garanticen la gestión de la documentación de forma eficaz, tanto en archivos físicos como digitales. También es muy importante determinar los periodos de vigencia de la documentación, ajustándose a la normativa legal y a las necesidades específicas de cada empresa, para luego proceder a su expurgo.

Las copias de seguridad de los datos almacenados en una organización permiten su recuperación en caso de accidente.

Autoevaluación

3.1. Un sistema de gestión documental electrónico:

   a) Es un programa o aplicación informática creada para rastrear y alma-cenar documentos electrónicos.

   b) Una de las características más potentes de un *software* de gestión documental es la indexación de documentos y el almacenamiento de metadatos.

   c) Es fundamental para detectar el origen de cualquier problema en un equipo informático.

   d) Las opciones a) y b) son correctas.

3.2. Para elegir correctamente un programa de gestión documental se tiene que tener en cuenta:

   a) El *software* elegido debe ser compatible con el resto de programas con los que trabaja la organización.

   b) Hay que valorar los recursos que posee la organización en cuanto a personal y equipos informáticos.

   c) Hay que analizar los objetivos de la organización y sus necesidades en cuanto a la gestión de documentos.

   d) Todas son correctas.

3.3. El método de la firma electrónica se encuentra regulado en España me-diante:

   a) La Ley 11/2007, de 22 de junio.

   b) La Ley 32/2003, de 3 de noviembre.

   c) La Ley 59/2003, de 19 de noviembre.

   d) La Ley 6/2020, de 11 de noviembre de firma electrónica.

3.4. Algunos de los elementos que intervienen en un sistema informatizado de gestión documental son:

   a) Los escáneres y dispositivos de digitalización.

   b) Cuadro de clasificación.

   c) Las bases de datos y el *software*.

   d) Las respuestas a) y c) son correctas.

3.5. Indicar si las siguientes afirmaciones son verdaderas o falsas:

La frecuencia de la copia de seguridad depende de la necesidad y las características de la organización.

☐ Verdadero ☐ Falso

La llamada obsolescencia tecnológica es una de las ventajas principales del uso de soportes informáticos.

☐ Verdadero ☐ Falso

El sistema de codificación debe ser breve, lógico, flexible y sencillo. Puede utilizar letras, números y una combinación de ambas. Se recomienda evitar la sucesión de más de tres letras o una secuencia numérica demasiado larga.

☐ Verdadero ☐ Falso

La llamada obsolescencia tecnológica es una de las ventajas principales del uso de soportes informáticos.

☐ Verdadero ☐ Falso

En el manual de archivo se refleja cómo se realizan y estructuran las tareas, cómo influye la información, cómo se hace el seguimiento, las herramientas necesarias para su gestión, el orden que siguen las tareas y la sincronización de las mismas.

☐ Verdadero ☐ Falso

3.6. La necesidad de establecer un calendario de vigencia de documentos tiene estos motivos:

a) Optimizar el uso del sistema operativo utilizado en la organización.

b) Facilitar el flujo de archivos y evitar su acumulación.

c) Facilitar el proceso de valoración y validación de los archivos.

d) Las opciones b) y c) son ciertas.

3.7. Según la normativa, las copias de seguridad de los datos personales es necesario que:

a) Sean realizadas de forma periódica.

b) Establecer un procedimiento para su realización.

c) Se realicen en un dispositivo externo o interno situado en un lugar diferente a la localización habitual de los datos.

d) Todas son correctas.

3.8. Completar las siguientes frases:

Respecto a los niveles de seguridad y acceso a un documento, el proceso más conveniente es utilizar una _____, de esta forma solo el _____ o _____ que la haya establecido podrá controlar su _____, o derivarlo a otros usuarios.

Después de realizar la valoración de documentos electrónicos hay que realizar el _____, cuando carezcan de interés para la _____, una vez que haya finalizado el _____ de conservación que establece la ley.

En los flujos de trabajo se refleja cómo se realizan y _____ las _____, cómo influye la información, cómo se hace el seguimiento, las herramientas necesarias para su _____, el orden que siguen las _____ y la _____ de las mismas.

Para que el funcionamiento y la organización del centro de documentación y archivo sea correcto es necesario conocer _____ previos de la _____, como los _____ que se van a desarrollar y las necesidades de los _____.

3.9. ¿Qué contiene el manual de archivo?

a) Documentación histórica.
b) La estructura de la clasificación del sistema de archivo, tabla completa de las materias utilizadas para la clasificación y la ubicación de los archivos.
c) Los sistemas de clasificación y la ubicación de los archivos.
d) Sistemas de almacenamiento.

3.10. Dentro de una organización, la reducción del uso del papel puede suponer:

a) Disminución de copias que no son necesarias.
b) Asegura la perfecta conservación de los documentos.
c) Reducción del tiempo de búsqueda de un documento.
d) Las respuestas a) y c) son correctas.

Bibliografía

CRUZ MUNDET, J. R. *Gestión de documentos y administración de archivos.* Madrid: Alianza Editorial, 2012.

CRUZ MUNDET, J. R. *La gestión de documentos en las organizaciones.* Madrid: Pirámide, 2006.

CRUZ MUNDET, J. R. *Manual de archivística (2ª ed.).* Madrid: Fundación German Sánchez Ruipérez, 2001.

ASOCIACIÓN ESPAÑOLA DE ARCHIVEROS BIBLIOTECARIOS, MUSEÓLOGOS Y DOCUMENTALISTAS-CASTILLA-LA MANCHA; LEYVA PALMA, V.; MOLINA NORTES, J. *Técnicas de archivo y tratamiento de la documentación administrativa.* Guadalajara: ANABAD Castilla La Mancha, 1996.

CASANOVAS, I. *Gestión de archivos electrónicos.* Alfagrama, 2008.

MASTROPIERRO, M.ª DEL CARMEN, *Archivos públicos.* Alfagrama, 2008.

MASTROPIERRO, M.ª DEL CARMEN, *Archivos públicos.* Alfagrama, 2006.

MASTROPIERRO, M.ª DEL CARMEN, *Archivos de empresa.* Alfagrama, 2011.

MOLINA NORTES, J. y LEYVA PALMA, V. *Técnicas de Archivo y tratamiento de la documentación administrativa.* Castilla-La Mancha: ANABAD, 2000.

TACÓN CLAVAIN, J. *La conservación en archivos y bibliotecas. Prevención y protección.* Madrid: Ollero y Ramos, Editores, 2008.

SUBDIRECCIÓN GENERAL DE LOS ARCHIVOS ESTATALES. *Archivo de oficina.* Ministerio de Educación, Cultura y Deporte. Secretaría General Técnica.

SÁNCHEZ MORALES, M. *Competencias digitales básicas.* Marcombo, 2022.

SERRA SERRA, J. *Los documentos electrónicos: qué son y cómo se tratan.* Trea Ediciones, 2008.

Webgrafía

Slideshare.net. Organización de archivos.
https://es.slideshare.net/Patrirosi10/organizacion-de-archivos-247824569

ADR Formación. El mantenimiento del archivo físico.
https://www.adrformacion.com/knowledge/administracion-publica/el_
mantenimiento_del_archivo_fisico.html

Red de transparencia y Acceso a la información. Directrices —Restricciones y
controles de acceso.
http://mgd.redrta.org/directrices-restricciones-y-controles-de-acceso/
mgd/2015-01-23/134923.html

El mundo documental. Clasificación y ordenación de los documentos.
https://elmundodocumental.wordpress.com/2012/12/05/clasificacion-y-
ordenacion-de-los-documentos/

Ministerio de Fomento. Puertos del Estado. Gestión documental.
https://www.portcastello.com/wp-content/uploads/2019/11/NIVEL1_Manual_
GESTION_DOCUMENTAL.pdf

Biblioteca ULPGC. Cuadro de clasificación de documentos administrativos.
https://biblioteca.ulpgc.es/files/repositorio_de_docum152/archivo_
univesitario/Cuadros%20Clasificacion%20ULPGC.pdf

Biblioteca ULPGC. Manual de procedimiento para los archivos de oficina.
https://biblioteca.ulpgc.es/archivo_oficina

Universidad de Almería. Manual de archivos de gestión.
https://www.ual.es/application/files/3016/2090/1522/agmanarchgestv2.pdf

Universidad Americana de Europa. Diagramas de flujo en la planificación
empresarial.
https://unade.edu.mx/diagrama-de-flujo-en-la-empresa/

Digital Guide Ionos. ¿Qué es un sistema operativo?
https://www.ionos.es/digitalguide/servidores/know-how/el-sistema-
operativo/

Tid-fpb1. Tratamiento informático de datos.
https://tidfpb1.wordpress.com/2019/01/07/tema-4-manejo-basico-de-un-ordenador-sistemas-operativos/

Tecnología + Informática. Tipos de memoria de una computadora.
https://www.tecnologia-informatica.com/tipos-memorias-computadora/

OpenWebinars. Que es TCP/IP.
https://openwebinars.net/blog/que-es-tcpip/

Junta de Castilla y León. Educacyl. Portal de educación. Herramientas de accesibilidad en Sistemas operativos.
https://www.educa.jcyl.es/educacyl/cm/gallery/CCD/Area_5/B1.5_Herramientas_de_accesibilidad/5_aplicacin_al_aula.html

Gadae Netweb. Plan de contingencia ante la perdida de información.
Gadae.com/blog/plan-de-contingencia-ante-la-perdida-de-informacion

Delitos e informática. Algunos aspectos.
http://www.deusto-publicaciones.es/deusto/pdfs/lidon/lidon04.pdf

Hewlett Packard Enterprise. Seguridad de red.
https://www.hpe.com/es/es/what-is/network-security.html

Normadat. Diferencias entre centros de documentación, archivos y bibliotecas.
https://www.normadat.es/noticias/diferencias-entre-centros-de-documentacion-archivos-y-bibliotecas/

Comunidad Baratz. El proceso de gestión documental en el archivo electrónico.
https://www.comunidadbaratz.com/blog/el-proceso-de-gestion-documental-en-el-archivo-electronico/

Comunidad Baratz. Los 7 procesos de la gestión documental en empresas y organizaciones.
https://www.comunidadbaratz.com/blog/los-7-procesos-de-la-gestion-documental-en-empresas-y-organizaciones/

Programa de gestión documental: requisitos para elegirlo con éxito.
https://www.docunecta.com/blog/programa-gestion-documental-requisitos-elegirlo-exito

Gdx Group. Características de un sistema de gestión documental.
https://gdx-group.com/caracteristicas-de-un-sistema-de-gestion-documental/

Docunecta. Las ventajas de una oficina sin papeles.
https://www.docunecta.com/blog/ventajas-de-una-oficina-sin-papeles

¿Qué es un *workflow* y cómo me va a ayudar a gestionar mejor mi empresa?
https://www.docunecta.com/blog/que-es-un-workflow-y-como-me-va-a-ayudar-a-gestionar-mejor-mi-empresa

Flujo de trabajo en la gestión documental.
https://www.ticportal.es/temas/sistema-gestion-documental/funcionalidades/flujo-de-trabajo

Docunecta. Clasificación AENOR para sistemas de clasificación de documentos.
https://www.docunecta.com/blog/los-7-sistemas-de-clasificacion-de-documentos

TIC Portal. Ley 39/2015 y Ley 40/2015, ¿cómo implementar la tecnología en las Administraciones Públicas dentro de los plazos fijados?
https://www.ticportal.es/noticias/sistemas-gestion-documental/ley-39-2015-ley-40-2015-administracion-publica

TIC Portal. Copia de seguridad *(backup)*. ¿Como recuperar los datos en caso de perdida?
https://www.ticportal.es/glosario-tic/copia-seguridad-backup

Grupo Atico 34. Copias de seguridad. ¿Por qué son tan importantes?
https://protecciondatos-lopd.com/empresas/copias-seguridad/

La norma ISO 15489: un marco sistemático de buenas prácticas de gestión documental en las organizaciones.
https://www.google.com/search?client=firefox-b-d&q=Alonso_Garcia_Lloveras_-_La_norma_ISO_15489